चार तरीके हैं और सिर्फ चार तरीके हैं, जिनसे हमारा संसार से संपर्क होता है। इन चार संपर्कों से ही हमारा मूल्यांकन और वर्गीकरण होता है : हम क्या करते हैं, हम कैसे दिखते हैं, हम क्या कहते हैं और हम इसे कैसे कहते हैं। - **डेल कारनेगी**

संवाद सफलता की कुंजी

डेल कारनेगी

डायमंड बुक्स

www.diamondbook.in

प्रकाशक : डायमंड पॉकेट बुक्स (प्रा.) लि.
X-30 ओखला इंडस्ट्रियल एरिया, फेज-II
नई दिल्ली - 110020
फोन : 011- 40712200
ई-मेल : sales@dpb.in
वेबसाइट : www.diamondbook.in
संस्करण : 2021

Samvaad Safalta ki Kunji
(Hindi translation of The Art of Public Speaking)
by : *Dale Carnegie* (translated by Aarti Gandhi)

विषय सूची

1
अध्याय

आत्मविश्वास पैदा करें

जब लैरी की कंपनी ने एक नए विभाग के सुपरवाइजर के पद का विज्ञापन दिया, तो लैरी के मन में आवेदन करने का लालच आया, लेकिन तुरंत ही उसके मन में यह विचार आया "मैं तरक्की तो पसंद करूँगा, लेकिन मैं शायद वहाँ की जिम्मेदारियों को नहीं सँभाल पाऊँ।"

सूजन ने अपने बॉस को एक सुझाव दिया, जो उसके ख्याल से उत्पादकता को बेहतर बना सकता था, लेकिन बॉस ने इसमें कुछ दोष बता दिए। सूजन की प्रतिक्रिया यह थी "मैं असफल हूँ। मैं किसी विषय पर पूरी तरह नहीं सोच पाती। मैं दोबारा कभी सुझाव नहीं दूंगी।"

क्लेयर से अपने चर्च की एक कमेटी की चेयरमैन बनने का आग्रह किया गया। उसने अपने पति से कहा "मुझे इस प्रोजेक्ट के बारे में चर्च के सदस्यों के सामने बोलना होगा। मैं यह काम किसी तरह नहीं कर सकती।"

एलियट शुरुआती तीन महीने

तक अपनी कंपनी का शीर्ष सेल्समैन था, लेकिन चौथे महीने में उसका प्रदर्शन ठीक नहीं था। वह बहुत पीछे रहा। उसने अपने मन में कहा कि मैं उस पहली तिमाही में खुशनसीब था, लेकिन बाद में किस्मत ने साथ नहीं दिया, और अब मैं वहीं हूँ, जहाँ मुझे होना चाहिए। कठिनाई से अपना कोटा पूरा कर रहा हूँ। मैं यह भी जानता हूँ कि यह ज्यादा समय तक नहीं चल सकता।

आप गौर से सोचिये इनकी समस्या क्या है? इनमें आत्म-विश्वास की कमी है। ये खुद को असफल मानते हैं और सोचते हैं कि वे जीवन भर निचले स्तर पर बने रहने के लिए अभिशप्त हैं।

बहुत बार ऐसा होता है जब हम अपनी योग्यताओं और उपलब्धियों पर शक करते हैं और हमारा आत्म-विश्वास रसातल में पहुंच जाता है। हम अपनी योग्यताओं और खुद का आकलन इस आधार पर करते हैं कि दूसरे लोग हमारे बारे में क्या सोचते हैं। ऐसी मानसिकता असफलता का डर पैदा करती है और हम जोखिम लेने से कतराते हैं। यदि ऐसी मानसिकता घर कर जाए तो हम खुद को नीचे रखेंगे, दूसरों की सकारात्मक राय को महत्त्व नहीं देंगे बल्कि उनकी नकारात्मक राय को मान लेंगे। यह स्थिति खुद को पराजित करने वाले वैचारिक तौर-तरीके और नकारात्मक दृष्टिकोण हमेशा पीछा करते रहते हैं।

किसी भी व्यक्ति के जीवन में आत्म-विश्वास, आत्म-गौरव महत्वपूर्ण हिस्सा है। हम जो निर्णय लेते हैं, उन पर हम तभी विश्वास कर सकते हैं, जब हमें खुद पर भरोसा हो। हमें खुद को सचमुच मूल्यवान और महत्त्वपूर्ण महसूस करना चाहिए। यदि हममें आत्म-गौरव नहीं है, तो हम अपने निर्णयों के सही होने पर विश्वास कैसे कर सकते हैं?

हम अपने बारे में जो सोचते हैं, वो हमें महत्त्वपूर्ण नहीं लगता। बल्कि हमारे बारे में दूसरे लोग क्या सोचते हैं, इस बारे में हम ज्यादा सोचते हैं। विलियम बेकर ने कहा था, "इस बात की परवाह न करें कि 'लोग' आपके बारे में क्या सोचते हैं। वे आपका अति या न्यून आकलन कर सकते हैं। जब तक वे आपका सच्चा मूल्य समझेंगे, तब तक आपकी सफलता मुख्यत: इस बात पर निर्भर करती है कि आप खुद के बारे में क्या सोचते हैं और

आपको खुद पर विश्वास है या नहीं। अगर कोई आप पर यकीन न भी करे, तब भी आप सफल हो सकते हैं, लेकिन अगर आपको खुद पर यकीन न हो, तो आप कभी सफल नहीं हो सकते।"

एपिक्टेटस ने कहा था, "जो खुद का स्वामी नहीं है, वह इंसान स्वतंत्र नहीं है।" जब तक हमें अपनी योग्यताओं पर विश्वास न हो और जब तक सफल होने के अपने संकल्प में यकीन न हो, तब तक हम उस मार्ग पर चलना शुरू ही नहीं करेंगे, जो हमें लक्ष्यों की दिशा में ले जाता है। हमें खुद से बड़ी चीजों की उम्मीद करनी चाहिए। यह विश्वास हमारे भीतर के सर्वश्रेष्ठ गुणों को सामने लाता है। जैसी पुरानी कहावत है : "जीवन के युद्ध हमेशा सबसे शक्तिशाली या सबसे तेज इंसान नहीं जीतता है; देर-सवेर जीतता वही इंसान है जो सोचता है कि वह जीत सकता है।"

हम ख़ुद को क्या मानते हैं?

जिनमें आत्म-विश्वास नहीं होता, वे इस बात पर बहुत जोर देते हैं कि दूसरे क्या सोचते हैं और इसी से वे यह तय करते हैं कि खुद के बारे में कैसा महसूस करना चाहिए। डर के कारण वे जोखिम लेने से कतराते हैं और अमूमन सफल होने की आशा नहीं करते हैं। वे अक्सर खुद को नीचे रखते हैं, सकारात्मक राय को महत्त्व नहीं देते हैं और नकारात्मक राय को सच मान लेते हैं। नतीजा यह होता है कि खुद को पराजित करने वाले वैचारिक तौर-तरीके और नकारात्मक दृष्टिकोण निरंतर चलते रहते हैं। ऐसी सोच पराजित करने वाले कुछ वैचारिक तरीके निम्न प्रकार है :-

- जब बॉस ने सूजन के सुझाव की आलोचना की, तो उसकी प्रतिक्रिया अतिवादी सोच से प्रेरित थी। इस एक असफलता की वजह से ही वह यह महसूस करने लगी, "अगर मेरा प्रदर्शन आदर्श नहीं है, तो मैं पूरी तरह असफल हूँ।"
- आपदा जीवन के हर मोड़ पर मँडराती है और अचानक सामने आ धमकती है। मिसाल के तौर पर, एक छोटी-सी नकारात्मक झलक, छोटी-सी आलोचना या हल्की-फुल्की टिप्पणी सारी वास्तविकता को छिपा लेती है। "मैं वह प्रस्तुति ठीक से नहीं दे पाया, इसलिए अब मुझे कभी प्रमोशन नहीं मिलेगा।"

- अच्छा प्रदर्शन बुरे प्रदर्शन जितना महत्त्वपूर्ण नहीं माना जाता है। यह एलियट की प्रतिक्रिया थी। "मैं जानता हूँ कि पिछली तिमाही में मेरा बिक्री का रिकॉर्ड सर्वश्रेष्ठ था, लेकिन यह बस किस्मत की बात थी। अब मैं अपने पुराने असली स्वरूप में लौट गया हूँ। इस तिमाही में मैं बस अपना कोटा पूरा कर रहा हूँ।"
- "चाहिए" कथन हमें आदर्श परिदृश्य की ओर ले जाते हैं, लेकिन इसके बाद एक यथार्थवादी विचार प्रक्रिया आनी चाहिए, जो "वर्तमान स्थिति" तय करे। वर्तमान स्थिति तय करने पर ही हम यह योजना बना सकते हैं कि हम जहाँ हैं, वहाँ से "चाहिए" तक कैसे पहुँचें। अक्सर हम अपनी वर्तमान स्थिति को देखकर ही डर से पंगु हो जाते हैं, क्योंकि हमें ज्ञात होता है कि जहाँ हमें होना चाहिए, वहाँ से हम बहुत दूर हैं। यहाँ ठहरकर अवलोकन करने और पटरी पर पुनः लौटने का समय है।
- बचपन के बाद हम एक आरामदेह परिवेश बना लेते हैं। सैली के परिवार में सारे निर्णय उसके पिता लेते थे। बच्चों को समझा दिया गया था कि उन्हें दिखना चाहिए, उनकी आवाज नहीं आनी चाहिए। आज सैली बड़ी हो चुकी है, लेकिन पत्नी, माँ और कर्मचारी के रूप में जब उससे निर्णय लेने को कहा जाता है, तो वह असहज हो जाती है। चार्ली कई साल तक अमेरिकी सेना में प्रशासकीय गैर-कमीशन्ड अफसर था। उसने निष्ठा से सेना के नियमों का अध्ययन और अनुकरण किया। रिटायरमेंट के बाद अपनी पहली गैर-सैन्य नौकरी में वह कुशलता से काम नहीं कर पाया, क्योंकि कंपनी में सेना जितने स्पष्ट लिखित नियम नहीं थे, जो उसे मार्गदर्शन दे सकें।

  सांड्रा एल. एक स्थानीय बुटीक में किशोर वय की पोशाकें बेचती थी। उसके बॉस ने उससे कहा, "वह दर्शकों के सामने एक फैशन शो का वर्णन करे।" यह सुनकर वह दहशत में आ गई। एक-एक ग्राहक से बात करना तो उसके लिए सामान्य और आरामदेह था, लेकिन किसी समूह के सामने बोलना उसके आरामदेह दायरे के बाहर था। उसके बॉस ने सलाह दी, "इस

समस्या से निबटने के लिए वह डेल कारनेगी कोर्स करे।"

डेल कारनेगी द्वारा ईजाद किए गए कोर्स में प्रतिभागियों की बोलने की हिचक दूर होगी, क्योंकि इसमें हर सदस्य को कम से कम एक बार बोलना जरूरी होता है। यह कारगर होता है, क्योंकि दर्शक प्रशंसा करते हैं और हौसला बढ़ाते हैं। नब्बे वर्ष से ज्यादा समय से डेल कारनेगी प्रशिक्षण कार्यक्रम ने हजारों-लाखों प्रतिभागियों की मदद की है। इसने सांड्रा की भी मदद की, जो अब साल में कई बार फैशन शो का वर्णन करती है। अपने बॉस तथा ग्राहकों से मिली प्रशंसा से उसका आत्म-गौरव बढ़ चुका है।

आत्म-विश्वास कैसे बढ़ाएं

नीचे बताई गई रणनीतियाँ खुद को पराजित करने वाले वैचारिक तौर-तरीकों को तोड़ सकती हैं।

आत्म-स्वीकृति : आत्म-स्वीकृति इंसान के रूप में खुद को स्वीकार करने की योग्यता है। मतलब - अपने सकारात्मक पहलुओं - हमारे गुणों, शक्तियों और योग्यताओं - पर ध्यान केंद्रित करना, जिनसे मिलकर हमारा अनूठा व्यक्तित्व बना है। आत्म-छवि पर ध्यान केंद्रित करने से आत्म-विश्वास और आत्म-गौरव दोनों पर ही सकारात्मक प्रभाव पड़ता है। लेकिन आम तौर पर देखा जाता है कि लोग अपनी शक्तियों के बजाय अपनी कमजोरियों पर ध्यान केंद्रित करते हैं और खुद का नुकसान कर बैठते हैं। हमें सकारात्मक तसवीरों पर ध्यान केंद्रित करने में खुद की और दूसरों की मदद करनी चाहिए।

सफलताओं पर ध्यान : हम अपने अतीत की सफलताओं और उपलब्धियों पर ध्यान केंद्रित करें। हमने अतीत में जो भी अच्छे काम किए हैं, उनके लिए खुद की प्रशंसा करें। असफलताओं पर ध्यान केंद्रित करना कहीं ज्यादा आसान होता है, क्योंकि दूसरे हमें उनके बारे में अक्सर बताते रहते हैं। लेकिन जब हम जीवन की सफलताओं के बारे में सोचने में समय लगाते हैं, तो दृष्टिकोण तेजी से बदल जाता है।

जीवन में मिली सफलताओं और उपलब्धियों की सूची तैयार करना अति महत्त्वपूर्ण काम है। पहले-पहले तो पूरी सूची तैयार करना मुश्किल लग सकता है, लेकिन लगन से काम करने पर हमारी सूची बढ़ती जाती है

> जब आप दूसरे लोगों को देखकर मुस्कराते हैं, तो आप उन्हें सूक्ष्म तरीके से बता रहे होते हैं कि आप उन्हें पसंद करते हैं, कम से कम कुछ हद तक। वे उस अर्थ को समझ लेंगे और आपको ज्यादा पसंद करेंगे। मुस्कराने की आदत को आजमाएँ। आपके पास खोने के लिए कुछ नहीं है। -डेल कारनेगी

और इसके साथ-साथ हमारा आत्म-विश्वास भी बढ़ता जाता है।

हेनरीटा एक सेल्स रिप्रजेंटेटिव थी, जो ऑरलैंडो, फ्लोरिडा की एक रियल एस्टेट फर्म में काम करती थी। उसे एक ग्राहक का पत्र मिला, जिसमें उसने हेनरीटा की प्रशंसा करते हुए कहा था कि उसी की बदौलत उसे "आदर्श घर" मिला। हेनरीटा ने वह पत्र ऑफिस में सबको दिखाया। उसके बॉस ने सलाह दी कि वह सफलता की फाइल में वह पत्र रख ले और आगे मिलने वाले पत्र भी उसी फाइल में रखे। उन्होंने कहा, "यह तुम्हारी 'सफलता की फाइल' है। जब परिस्थितियाँ सही नहीं होंगी, तब इन पत्रों को पढ़ने से तुम्हें खुशी मिलेगी। ये पत्र इस बात का प्रमाण हैं कि तुम यह काम पहले कर चुकी हो, इसलिए तुम इसे दोबारा भी कर सकती हो।"

हेनरीटा ने इस सलाह पर अमल किया। जब उसने देखा कि हर सफलता पर पत्र नहीं मिलता था, तो उसने "सफलता का लॉग" भी बना लिया। इस लॉग में वह अपनी महत्त्वपूर्ण उपलब्धियाँ लिखती थी - कोई मुश्किल बिक्री करना, किसी महत्त्वपूर्ण भवन निर्माता कंपनी से नए घरों के लिए पहले बिक्री करने के अधिकार हासिल करना, किसी महीने में ऑफिस में अधिकतम बिक्री करना आदि।

हम सभी के जीवन में गिरावट और मंदी के दौर आते हैं। हेनरीटा भी इसका अपवाद नहीं थी। जब कोई बिक्री काफी आगे तक जाने के बाद पूरी नहीं हो पाती थी, जब मंदी का दौर आता था या निराशा महसूस होती थी, तो वह अपनी "सफलता की फाइल" खोलकर उन पत्रों को दोबारा पढ़ती थी और अपने लॉग में लिखी सफलताओं की समीक्षा करती थी। इससे उसका आत्म-विश्वास लौट आता था और वह दोबारा पूरे उत्साह से काम करने लगती थी।

हम अपने कोच स्वयं हैं

यहाँ बताई गई दोनों श्रेणियों को मिलाकर सप्रमाण आत्म-चर्चा तैयार करेंगे तो हम उस पर विश्वास करने लगते हैं। किसी खेल टीम के पिछड़ने पर उसका कोच, टीम को प्रेरणा देता है। हम अपने कोच स्वयं हैं, इसलिए हमें भी खुद को वैसी ही प्रेरक चर्चा देनी चाहिए। हमें खुद से क्या कहना चाहिए? ऐसा तर्क दें, जिसमें प्रमाण का वजन हो और जो जाँच में खरा उतरे। प्रमाण जितना ज्यादा शक्तिशाली और दमदार होता है, संदेश भी उतना ही ज्यादा विश्वसनीय और शक्तिशाली होता है। यह आंतरिक चर्चा हम सभी को समय-समय पर करनी चाहिए। यह उस एक चीज पर दोबारा नियंत्रण हासिल करने का अचूक औजार है, जिस पर सारे समय हमारा चरम नियंत्रण होता है। दूसरे शब्दों में, हमें अपना आत्म-विश्वास बढ़ाने के लिए खुद को मनोवैज्ञानिक प्रेरणा देनी चाहिए।

अपनी सफलता समीक्षा करने के बाद हेनरीटा ने प्रमाणों के आधार पर आत्म-चर्चा तैयार की। उसने इसे बार-बार दोहराया और जिस तरह कोच अपनी टीम को प्रेरित करता है, उस तरह उसने भी खुद को नई सफलताओं के लिए प्रेरित किया।

हम क्या चाहते हैं?

- अपने उद्देश्य का स्पष्ट, सारगर्भित कथन लिखें। यह भी लिखें कि इसे हासिल करने के लिए हम क्या करेंगे।
- इस लिखित कथन को दिन में दो बार जोर से पढ़ें, एक बार रात को सोने से पहले और एक बार सुबह उठने के बाद। इसे पढ़ते वक्त हमें इस तरह देखना, महसूस करना और विश्वास करना चाहिए, मानो हमने लक्ष्य हासिल कर लिया है।
- उस लक्ष्य पर ध्यान केंद्रित करें, जिसे हम हासिल करना चाहते हैं। सिर्फ यही कहना ही काफी नहीं है, "मैं अच्छी-सी नौकरी चाहता हूँ।" निश्चित करें की आप क्या चाहते हैं। "मैं मार्केटिंग शोधकर्ता की नौकरी चाहता हूँ, ताकि मेरे पास यह साबित करने का अवसर रहे कि मैं प्रबंधन में जा सकता हूँ।"
- अपनी इच्छा को पूरा करने की एक निश्चित योजना बनाएँ और इस

योजना पर अमल तुरंत शुरू कर दें, चाहे हम तैयार हों या न हों।

नए अनुभवों को अपनी जीत या हार न मानें

कुछ लोग कभी जोखिम नहीं लेते हैं। वे हमेशा सुरक्षित खेल खेलते हैं। इस बात की काफी संभावना है कि वे हमेशा सिर्फ औसत प्रदर्शन ही करते रहेंगे। उन्हें जीवन में सच्ची सफलता कभी नहीं मिलेगी। अगर वे किसी चीज के पक्षधर हैं, तब भी वे उसका समर्थन करने का जोखिम नहीं लेते हैं, क्योंकि उन्हें यह डर रहता है कि अगर कामयाबी नहीं मिली, तो क्या होगा। इस तरह वे "पराजय की पीड़ा" से तो बच जाते हैं, लेकिन कभी "विजय के रोमांच" का अनुभव नहीं ले पाते।

नए अनुभवों को अपनी जीत या हार न मानें, बल्कि इन्हें सीखने का अवसर मानें। ऐसा करने पर हमारा दिमाग नई संभावनाओं के प्रति खुल जाता है और आत्म-स्वीकृति का हमारा अहसास बढ़ सकता है। ऐसा न करने पर हर संभावना असफलता का अवसर बन जाती है और व्यक्तिगत विकास में बाधा डालती है।

जोखिम लेने का अर्थ यह नहीं है कि इंसान दुस्साहसी बन जाए। तार्किक लोग तार्किक जोखिम लेते हैं, लेकिन जोखिम की प्रकृति में ही असफलता की आशंका छिपी होती है। सफल बिजनेस एक्जीक्यूटिव्ज के हर निर्णय में जोखिम रहता है। कछुआ एक जीता-जागता किला है। इसका अभेद्य खोल हर तरह के नुकसान से इसकी रक्षा करता है। लेकिन ध्यान रहे, जब कछुए को चलना होता है, तो इसे अपने सिर और गर्दन को खोल से बाहर निकालना होता है और परिवेश के खतरों का सामना करना पड़ता है। अगर हम आगे बढ़ना चाहते हैं, तो कछुए की तरह ही हमें भी पूर्ण सुरक्षा की उम्मीद नहीं रखनी चाहिए। हमें प्रगति करने की खातिर, अपनी गर्दन बाहर निकालनी होगी।

बहरहाल, निर्णय लेने से पहले वे सावधानीपूर्वक विश्लेषण और शोध करके अपनी सफलता की संभावना को अधिकतम कर लेते हैं। लेकिन निर्णय लेने के बाद मैनेजर धन, समय, ऊर्जा और भावना की संभावित क्षति का जोखिम लेने के लिए तैयार रहता है। जोखिम के बिना लाभ की कोई संभावना नहीं है।

द रेड सॉक्स की टीम, यांकीज से 2-1 से आगे थी। पहले दो हिटर आउट हो गए। यांकी का नामी हिटर डेव विनफील्ड बैटिंग करने उतरा। गेंद सीधी प्लेट के पार आती है। धड़ाक! शानदार हिट। विनफील्ड पहला बेस चुराने के लिए दौड़ता है। वह इसे आसानी से पूरा कर लेता है। क्या उसे दूसरे की कोशिश करनी चाहिए? एक सेकेंड से भी कम समय में डेव को यह निर्णय लेना है कि क्या उसे सुरक्षित खेलना चाहिए, या फिर उसे उस अतिरिक्त बेस चुराने का जोखिम लेना चाहिए, जिससे वह स्कोरिंग की स्थिति में आ जाएगा। अगर वह असफल हो गया, तो मैच खत्म हो जाएगा, लेकिन यह जोखिम लेने से पराजय के विजय में बदलने की संभावना बढ़ जाएगी। जोखिम लेना विनफील्ड के स्वभाव में है, इसलिए अगर सफलता की 50 प्रतिशत से ज्यादा संभावना है, तो वह दूसरा बेस चुराने की कोशिश करेगा। खेल की तरह ही जीवन में भी चैंपियन लोग जोखिम लेते हैं। इसी से वे चैंपियन बनते हैं।

डेल कारनेगी सलाह देते हैं, "जब समस्या सामने आए, तो खुद से पूछें, वह सबसे बुरा क्या है, जो हो सकता है? सबसे बुरे को स्वीकार करने की तैयारी करें; सबसे बुरे को बेहतर बनाने की कोशिश करें।"

इन सिद्धांतों से किसी समस्या के प्रति नवाचारी, क्रांतिकारी या अलग नीति अपनाने का जोखिम लिया जाए अथवा नहीं। जिल बेकर संभावित ग्राहक के परचेजिंग मैनेजर, स्टैन ग्रीन से अपॉइंटमेंट नहीं ले पा रहा था। उसने फोन किया था, पत्र लिखे थे और "उनके दरवाजे पर धरना भी दिया था" - लेकिन कोई फायदा नहीं हुआ। उसके सहकर्मियों ने उसे सलाह दी कि वह ग्रीन को भूल जाए और अपनी ऊर्जा तथा समय दूसरे संभावित ग्राहकों को सामान बेचने में लगाए। लेकिन जिल ने जिद पकड़ ली थी। ग्रीन का ध्यान आकर्षित करने का कोई न कोई तरीक़ा तो होगा। उसे पता चला कि ग्रीन एक औद्योगिक कार्यशाला में व्याख्यान देने वाले हैं। जिल ने सोचा, "अगर मैं उस कार्यशाला में जाता हूँ, तो उनके व्याख्यान के बाद मैं उनके पास जाकर सवाल पूछ सकता हूँ और अपना परिचय दे सकता हूँ, ताकि वे कम से कम यह तो जान जाएँ कि मैं कौन हूँ।"

उसके सेल्स मैनेजरों और सहकर्मियों ने उसे हतोत्साहित किया। "वे

इतने नाराज हो जाएँगे कि दोबारा कभी इस कंपनी के किसी बंदे से बात नहीं करेंगे।"

जिल ने कारनेगी के सिद्धांतों के आधार पर बात की। "वह सबसे बुरा क्या है, जो हो सकता है? वे हमें कारोबार नहीं देंगे। यह ज्यादा बुरा नहीं है, क्योंकि वे इस समय भी हमें कोई कारोबार नहीं दे रहे हैं, इसलिए हमारे पास खोने के लिए कुछ नहीं है।" "सबसे बुरे को स्वीकार करने की तैयारी करें : यदि मैं मीटिंग में उन पर प्रभाव नहीं छोड़ पाया, तो मैं यह कोशिश छोड़ दूंगा।" "सबसे बुरे को बेहतर बनाने की कोशिश करें : पूछने वाले प्रश्नों की सुविचारित योजना बनाकर मैं यह दिखा सकता हूँ कि मुझे उनके व्यवसाय का सच्चा ज्ञान है। हो सकता है कि इस बात से वे मुझसे मिलने को तैयार हो जाएँ।"

यदि हम अपनी नौकरी और जीवन में प्रगति करना चाहते हैं, तो हम सभी को जोखिम लेना होगा। सावधानीपूर्वक विश्लेषण करके हम असफलता की आशंका को कम तो कर सकते हैं, लेकिन इसे कभी पूरी तरह खत्म नहीं कर सकते। कष्ट के बिना कोई लाभ नहीं होता है। खेल को हमेशा सुरक्षित तरीके से खेलकर हम हार के दर्द से तो बच सकते हैं, लेकिन हमें वह भारी खुशी और संतुष्टि कभी महसूस नहीं होगी, जो बाधाओं से उबरने और लक्ष्यों तक पहुँचने से मिलती है।

दृढ़ता और आक्रामकता का मूल फर्क

दृढ़ता और आक्रामकता का मूल फर्क अक्सर आत्म-गौरव में निहित होता है। डेल कारनेगी के मानव संबंध सिद्धांत, संतुलन स्थापित करते हैं। वे "लोगों को हराने," या "लोगों द्वारा हराए जाने" के बजाय ये सफलता हासिल करने के लिए "लोगों के साथ मिलकर कार्य करने" का तरीका बताते हैं। दृढ़ संप्रेषण मानव संबंध की ऐसी तकनीक है, जिसमें शक्ति और संवेदनशीलता का मिश्रण होता है।

आत्म-विश्वासी इंसान और आक्रामक इंसान में फर्क होता है। दृढ़ इंसान और स्वेच्छाचारी इंसान में फर्क होता है। हममें से ज्यादातर लोग साहस और आत्म-विश्वास की प्रशंसा करते हैं, बशर्ते इसे सही तरीके से संप्रेषित किया जाए। हम जिन लोगों और कंपनियों की सफलता की कहानियाँ जानते हैं,

उनकी सफलता का कारण यही था कि कोई इंसान या समूह दृढ़ता से जुटा रहा। लेकिन इस बारे में बहुत-सी गलत धारणाएँ नजर आती हैं। दृढ़ व्यवहार को इस तरह परिभाषित किया गया है, "... अपने लिए इस तरह खड़ा होना, जिससे सामने वाले के बुनियादी अधिकारों का उल्लंघन न हो।"

आगे दिया गया चार्ट निश्चयात्मक आत्म-विश्वासी नीति और आक्रामक नीति के बीच का फर्क बताता है :

चार्ट : 1

आक्रामक बनाम निश्चयात्मक बनाम निष्क्रिय

आक्रामक	निश्चयात्मक	निष्क्रिय
आत्म-केंद्रित	अपने अधिकारों की रक्षा करते हैं, जबकि दूसरों के प्रति संवेदनशील भी रहते हैं	दूसरों की परवाह करते हैं, भले ही खुद का नुकसान हो जाए
अक्सर तनाव में रहते हैं और दूसरों को तनाव देते हैं	तनावपूर्ण स्थितियों से निपटते हैं और आगे बढ़ जाते हैं	अंदर से तनावग्रस्त, हालाँकि हो सकता है कि तनाव न दिखाएं
अक्सर कमजोर आत्म-गौरव के परिणाम	दृढ़ आत्म-छवि की आवश्यकता	अक्सर कमजोर आत्म-गौरव के परिणाम
प्रत्यक्ष और अनुचित संप्रेषण	प्रत्यक्ष, ईमानदार, उचित संप्रेषण	अप्रत्यक्ष और अक्सर स्वयं के प्रति ईमानदार नहीं
मुमकिन है कि इन्हें पसंद न किया जाए और सम्मान न दिया जाए	लोग अक्सर सम्मान करते हैं	अक्सर पसंद किए जाते हैं, लेकिन संभव है सम्मान न मिले
दूसरों को नीचे गिराते हैं	दूसरों को भी सफलता पाने में मदद करते हैं	खुद की कीमत पर दूसरों को ऊपर उठाते हैं

हर चीज और हर व्यक्ति को नियंत्रित करने की जरूरत रहती है दूसरों को जवाबदेह ठहराते हैं लेकिन खुद को नहीं	अपने कार्यों की व्यक्तिगत जिम्मेदारी लेने के इच्छुक होते हैं	खुद को जवाबदेह ठहराते हैं, लेकिन दूसरों को नहीं
संघर्ष करने वाले - दूसरों को अनुसरण करने के लिए विवश करते हैं	मिसाल पेश करके नेतृत्व करता है; न तो संघर्ष चाहता है, न ही उससे बचता है	संघर्ष से बचता है, अक्सर अति क्षमायाचना करता है।
प्रतिबंधात्मक	दिशानिर्देशों का अनुसरण करते हुए लचीले रहते हैं	खुद के लिए कठोर दिशानिर्देश, लेकिन दूसरों के लिए नहीं
शाब्दिक दृष्टि से कर्कश	स्पष्ट संवेदनशील, विनम्र	संकोची, अप्रत्यक्ष, संयत
काफी हद तक प्रत्यक्षतः - विचारों को जबरन दूसरों के गले उतारते हैं	खरे, लेकिन परवाह करने वाले	भावनाओं और विचारों को व्यक्त करने से बचते हैं
रौब जमाने वाले	निवेदनात्मक चाह रखने वाले	चाह रखने वाले

आत्म-गौरव हासिल करें

हम अपने बच्चों में आत्म-विश्वास और आत्म-गौरव भर सकते हैं। हम अपने स्टाफ में आत्म-विश्वास और आत्म-गौरव भर सकते हैं। हम अपनी कक्षाओं या टीमों में आत्म-विश्वास और आत्म-गौरव भर सकते हैं। उन्हें खुद पर विश्वास करना सिखाएँ। उन्हें आत्म-अभिव्यक्ति के अवसर दें।

हार्वे मैकी ने कहा था, "अंत में, हर एक को महत्त्वपूर्ण होने का अहसास कराना महत्त्वपूर्ण है। बुरे माहौल में हर व्यक्ति शिकार जैसा महसूस

करता है। अच्छे माहौल में लोग इस तरह महसूस करते हैं, मानो उनका महत्त्व समान हो – शायद समान शक्ति नहीं, लेकिन समान महत्त्व। असेम्बली लाइन का मजदूर अपनी इच्छाओं को बलपूर्वक लागू नहीं करा सकता, जिस तरह वरिष्ठ मैनेजर करा सकता है, लेकिन असेम्बली लाइन के कर्मचारी को भी अपनी बात कहने का उतना ही मौका होता है, जितना कि परिवार के सबसे छोटे बच्चे को डिनर टेबल पर होता है।"

"यह मिलकर एक जोरदार, स्पष्ट संदेश बन जाता है। आप ख़ास हैं और हम आपकी परवाह करते हैं। आपके बच्चे और आपके कर्मचारी निजी तौर पर सफल हों तथा पूरा परिवार या संगठन भी तरक्की करे, इसके लिए हर एक को दूसरे की परवाह करनी होती है।"

निष्कर्ष

- यह दृढ़ कथन कहें कि संसार में हमारे लिए एक जगह है और हम इसे भरने जा रहे हैं।
- खुद से बड़ी चीजों की आशा करें। कभी न मानें कि हमारी क़िस्मत में जिंदगी भर छोटे काम करना लिखा है। यदि हम अभ्यास करते हैं और सकारात्मक, उपयोगी, समृद्ध विचार को लगातार कायम रखते हैं, तो यह मानसिक नजरिया किसी दिन हमारे लिए एक खास जगह बना देगा और हमारी मनचाही चीज का सृजन कर देगा। कभी भी अपने बारे में ओछेपन से, संकीर्णता से, कंजूसी से न सोचें। खुद को कमजोर, अकार्यकुशल या बीमार नहीं मानें। खुद को हमेशा आदर्श, पूर्ण और संपूर्ण मानें।
- कभी भी असफल या आंशिक असफल होकर जीवन बिताने की संभावना के बारे में सोचें तक नहीं।
- आत्म-गौरव नश्वर है। इसे लगातार पोषण देना चाहिए और बलवान बनाना चाहिए। इसे शब्दों से, कार्यों से, नजरियों से, अनुभव से और हमारी वचनबद्धता से पोषण मिलता है। इन्हीं से यह कायम रहता है। हम अपने बारे में जो नकारात्मक शब्द कहते हैं, उनकी जगह पर सकारात्मक शब्द रखने का अभ्यास करें। निराशा के शब्दों के बजाय आशा के शब्द। असफलता के शब्दों के बजाय सफलता के

शब्द। पराजय के शब्दों के बजाय विजय के शब्द। चिंता के शब्दों के बजाय प्रोत्साहन के शब्द। उदासीनता के शब्दों के बजाय उत्साह के शब्द। घृणा के शब्दों के बजाय प्रेम के शब्द, आत्म-गौरव के शब्द।

- बिना कारण कोई चीज हमारे पास कभी नहीं आती है। कारण मानसिक होता है। विचार ही शक्ति हैं। विचारों से ही हम अपनी स्थितियों को बनाते हैं, खुद को बनाते हैं। ये शक्तियाँ हमारे चरित्र को लगातार तराश रही हैं, हमारे जीवन को लगातार ढाल रही हैं। हम अपने विचारों से दूर नहीं जा सकते। हमें उनके अनुरूप बनना ही होगा।

2
अध्याय

सामने वाले तक विचार पहुँचाएँ

डॉन एम. आवेश में थे। "मैंने विस्तार से समझाया था कि वह काम कैसे करना है। उसने मुझसे कहा था कि वह समझ गया है, लेकिन उसने काम को पूरी तरह गड़बड़ कर दिया है। अब इसे शुरू से अंत तक दोबारा करना होगा।" यह आपके साथ कितनी बार हुआ है? आप किसी अधीनस्थ को विस्तृत निर्देश देते हैं, किसी साथी को कोई विचार समझाते हैं, किसी ग्राहक को कोई प्रक्रिया बताते हैं-इसके बाद आपको लगता है कि सामने वाला इसे स्पष्टता से समझ गया है, लेकिन बाद में आपको पता चलता है कि वह बिलकुल भी नहीं समझा था। हम कई समस्याओं से बच सकते हैं और हमारा काफी समय बच सकता है, अगर हम यह सुनिश्चित कर लें कि हमारी बात को सामने वाला उसी तरह समझ गया है, जिस तरह हम उसे समझाना चाहते हैं।

क्या सामने वाला संदेश को सचमुच समझ गया है?

जब डॉन ने अपने अधीनस्थ को विस्तृत निर्देश दिए, तो आपको क्या लगता है, अंत में उसने कौन-सा प्रश्न पूछा होगा? आपका अनुमान सही है। उसने पूछा था, "आप समझ गए?" और आपको क्या लगता है, अधीनस्थ ने क्या जवाब दिया होगा? एक बार फिर आपका अनुमान सही है। उसने निश्चित रूप से यही कहा था, "हाँ, मैं समझ गया।" कोई कहता है कि वह समझ गया है, तो इसका मतलब हमेशा यह नहीं होता कि वह सचमुच समझ गया है। कुछ लोग बस सोच लेते हैं कि वे सामने वाले की बात समझ गए हैं

और जाहिर है, वे कहते भी यही हैं कि वे समझ गए हैं। बहरहाल, चूंकि उनकी व्याख्या जानकारी देने वाले व्यक्ति की व्याख्या से भिन्न हो सकती है, इसलिए वे दरअसल समझ ही नहीं पाए थे।

अन्य लोग बताई गई बातों का सिर्फ थोड़ा-सा हिस्सा समझते हैं और यह मान लेते हैं कि वे पूरा संदेश समझ गए हैं। बाकी लोग इसे बिलकुल भी नहीं समझते हैं, पर उन्हें अपने बॉस के सामने यह बताने में शर्म आती है कि वे उनकी बात नहीं समझे हैं, इसलिए वे कहते हैं कि वे समझ गए हैं और फिर वे अपनी बुद्धि से उनकी बातों का मतलब निकालने की कोशिश करते हैं। इन स्थितियों में कोई सच्चा संवाद हुआ ही नहीं है और यह संभावना है कि गलतियाँ की जाएँगी, गलतफहमियाँ होंगी और समय बरबाद होगा, भावनाएँ भड़केंगी और काम ठीक से नहीं हो पाएगा।

अच्छे संवाद करने वाले अपने विचार दूसरों तक कैसे पहुँचाते हैं? आइए ऑफिस के मैनेजरों, फैक्ट्री के सुपरवाइजरों, सेल्स मैनेजरों और अन्य प्रशासकीय अधिकारियों के एक सर्वे की कुछ प्रतिक्रियाओं पर नजर डालते हैं।

न्यूयॉर्क सिटी में एक ट्रेवल एजेंसी की ऑफिस मैनेजर बेट्टी एम. ने बताया कि वह कभी किसी कर्मचारी से यह नहीं पूछती हैं कि क्या वह निर्देशों को समझ गया है। इसके बजाय वह अधीनस्थ से कहती हैं कि वह उसे बताए कि वह क्या करने वाला है। बेट्टी ने हमें बताया, "मैं उन्हें एक क्विज देती हूँ। यदि मैं किसी क्लर्क को कोई प्रोजेक्ट पूरा करने का काम

सौंपती हूँ, तो उसे समझाने के बाद मैं उससे यह पूछती हूँ कि वह क्या करने वाली है। मेरे दिमाग में जो था, यदि उसकी व्याख्या उससे अलग होती है, तो मैं इसे उसी समय सही कर सकती हूँ, ताकि यह बाद में समस्या न बने। यदि प्रोजेक्ट जटिल है, तो मैं बहुत से प्रश्न पूछती हूँ, जैसे "यदि यह होता है, तो आप क्या करेंगी?" और "यदि वह होता है, तो?"

बेट्टी की जिम्मेदारियों में क्लर्क स्टाफ को यह सिखाना भी है कि रिजर्वेशन करने और विमान टिकट खरीदने व जारी करने में प्रयुक्त कंप्यूटर कैसे चलाएँ। उसने कहा : "कोई क्लर्क उस कंप्यूटर को सही तरीके से चला लेगा, यह सुनिश्चित करने के लिए उससे सवाल पूछने के अलावा मैं उससे कहती हूँ कि वह मुझे कंप्यूटर पर कई तरह की समस्याओं से निबटकर दिखाए। उससे कंप्यूटर पर सचमुच काम कराकर मैं खुद देख सकती हूँ कि उसने कितना सीखा है और उसमें कितनी योग्यता है।"

क्या संदेश स्वीकार कर लिया गया है?

जो बताया जाता है, उसे समझना अच्छे संवाद का एक बुनियादी पैमाना है, लेकिन एक और घटक है, जो इतना ही महत्त्वपूर्ण है। बताई गई बात सामने वाले को न सिर्फ समझना चाहिए, बल्कि उसे वह बात स्वीकार भी करना चाहिए। मैनेजर एक क्लर्क से कहती है कि काम दोपहर तीन बजे तक पूरा हो जाना चाहिए। इसमें कोई शक नहीं है कि क्लर्क को इसका मतलब अच्छी तरह समझ में आ जाता है, लेकिन वह खुद से कहती है, "किसी तरह से नहीं हो सकता।" क्या आप सोचते हैं कि वह काम तीन बजे तक पूरा हो जाएगा? संभावना नहीं है। जब तक कि काम करने वाला व्यक्ति यह महसूस न करे कि समयसीमा तार्किक है और इसमें काम किया जा सकता है, तब तक वह उस समयसीमा में काम पूरा करने की कोशिश ही नहीं करेगा।

लुइस आर. रॉक हिल, साउथ कैरोलिना में एक इमारत रख-रखाव सेवा की स्वामिनी और प्रबंधक हैं। वह अपने कर्मचारियों से सहभागिता का आग्रह करके स्थितियों को सँभालती हैं। आम तौर पर प्रोजेक्ट में स्त्री-पुरुषों की टीम होती है। वह उन्हें इकट्ठा करके सबसे पहले तो यह बताती हैं कि क्या करने की आवश्यकता है और समय के दबाव का क्या कारण है। फिर वह

उनसे पूछती हैं कि उनके ख्याल से इसे कब तक पूरा किया जा सकता है और उनके दूसरे सुझाव क्या हैं। अक्सर वे ऐसे समाधान बताते हैं, जो सिर्फ प्रबंधन के बताए समाधानों से बेहतर होते हैं, लेकिन समय-समय पर इन बैठकों से लुइस को यह पता चलता है कि ओवरटाइम या अतिरिक्त मदद की जरूरत है और समय का उसका मूल अनुमान अति आशावादी था। चूंकि उनके कर्मचारी जानते हैं कि वह उन्हें सहभागी बनाती हैं और उनकी बात सुनती हैं, इसलिए वे मुश्किल स्थितियों में उन्हें ज्यादा सहयोग करते हैं, जब अतिरिक्त प्रयास, ऊर्जा और समर्पण की जरूरत होती है।

हम क्या कहेंगे, इसकी योजना बनाएँ : चाहे हम किसी समूह के सामने बोल रहे हों या आमने-सामने किसी अकेले व्यक्ति से बात कर रहे हों, हमें अपने संदेश पर पूरा विचार करना चाहिए और पहले से ही योजना बना लेनी चाहिए कि हम अपना संदेश कैसे प्रस्तुत करेंगे। कई बार तो हमें तैयारी करने के लिए बहुत कम समय मिलेगा या बिलकुल भी नहीं मिलेगा, इसलिए हमें तुरंत सोचना होगा, लेकिन अक्सर जब किसी चीज पर विचार-विमर्श की आवश्यकता होती है, तो हम बहुत कम समय में ही तैयारी कर सकते हैं।

विषय को जानें : नौकरी में हम आम तौर पर दूसरों से उन विषयों पर संवाद करेंगे, जिनसे हम अच्छी तरह से वाकिफ हैं : जो काम हम कर रहे हैं, हमारी विशेषज्ञता संबंधी मामले या कंपनी संबंधी समस्याएँ। फिर भी हमें तथ्यों की समीक्षा करके यह सुनिश्चित कर लेना चाहिए कि हमारे पास सारी उपलब्ध जानकारी है और हम किसी भी प्रश्न का जवाब देने के लिए तैयार हैं।

समय-समय पर हमें ऐसे विषयों पर रिपोर्ट तैयार करने को कहा जा सकता है, जिनसे हम अपरिचित हैं। मिसाल के तौर पर, हो सकता है कि हमारी कंपनी एक नया कंप्यूटर सॉफ्टवेयर खरीदना चाहती है और हमसे इसकी रिपोर्ट तैयार करने को कहा जाता है।

- विषय के बारे में ज्यादा से ज्यादा जानकारी हासिल करें। प्रस्तुति के लिए जितनी जानकारी की जरूरत हो, उससे दस गुना ज्यादा जानकारी रखें।

- प्रस्तावित खरीदारी के सकारात्मक और नकारात्मक पहलुओं तथा उनके समाधान आदि पर नोट्स तैयार करें।
- चाहे हम यह रिपोर्ट एक व्यक्ति के लिए (हमारे बॉस, मिसाल के तौर पर) बना रहे हों या मैनेजरों अथवा तकनीकी विशेषज्ञों के समूह के लिए बना रहे हों, हमें उस विषय से संबंधित किसी भी तरह के प्रश्नों का जवाब देने के लिए तैयार रहना चाहिए।

श्रोताओं को जानें : यदि श्रोता बात को न समझ पाए, तो संवाद में सबसे कुशल व्यक्ति भी अपना संदेश पहुंचाने में असफल रहेगा। अच्छे संवाद का आधा हिस्सा अपने श्रोताओं को समझना है। ऐसे शब्द चुनें, जिन्हें आपके श्रोता आसानी से समझ लें। यदि श्रोता तकनीकी पृष्ठभूमि वाले हैं, तो आप संवाद में तकनीकी शब्दावली का इस्तेमाल कर सकते हैं : हमारे श्रोता इस खास शब्दावली को स्पष्टता और आसानी से समझ लेंगे। लेकिन अगर हम तकनीकी विषय पर गैर-तकनीकी श्रोताओं से बातचीत कर रहे हैं, तो तकनीकी भाषा का इस्तेमाल न करें। यदि श्रोता हमारी शब्दावली को ही नहीं समझ सकते, तो हमारा संदेश खो जाएगा।

मिसाल के तौर पर, चार्ल्स एक इंजीनियर है, जिसे अपने कामकाज के सिलसिले में दूसरे इंजीनियरों से बातचीत करनी होती है। वह सारे समय तकनीकी शब्दावली का इस्तेमाल करने का आदी है। मान लें, उससे कहा जाता है कि वह एक नए इंजीनियरिंग प्रोजेक्ट की फंडिंग के लिए कंपनी के वित्त विभाग के सामने एक प्रस्तुति दे। संदेश सही तरीके से पहुँचे, यह सुनिश्चित करना श्रोताओं की नहीं, बल्कि चार्ल्स की जिम्मेदारी है। यदि वह आम लोगों की भाषा में तकनीकी बातों को स्पष्ट कर सकता है, तो उसे ऐसा करना चाहिए। लेकिन अगर तकनीकी शब्दावली का इस्तेमाल करना अनिवार्य हो, तो पहली बार किसी तकनीकी शब्दावली का इस्तेमाल करते वक्त चार्ल्स को ठहरकर उसे समझाना चाहिए और अगर उसे महसूस होता है कि दोहराने की जरूरत है, तो उसे कम से कम एक बार फिर समझाना चाहिए।

स्पष्टता से बोलें : हम सभी ऐसे वक्ताओं को सुन चुके हैं, जो बुदबुदाते

हैं, बहुत तेजी से या बहुत धीरे बोलते हैं और जिनका लहजा समझना मुश्किल होता है। अगर कोई स्पष्टता से नहीं बोलता है, तो वह जो संदेश देने की कोशिश कर रहा है, उसका ज्यादातर हिस्सा श्रोताओं तक नहीं पहुँच पाएगा। खराब बोलने को सुधारना तुलनात्मक रूप से आसान है। अध्याय 4 में इसके कुछ तरीके विस्तार से बताए जाएंगे।

जब हम होने वाली बातचीत के बारे में सकारात्मक नजरिया रखते हैं, तो यह तुरंत हमारे चेहरे पर खिल जाती है।

आँखों का संपर्क : जब हम अपने श्रोता की तरफ सीधे देखते हैं, तो इससे यह संदेश जाता है कि हम आत्म विश्वासी और ईमानदार हैं तथा सामने वाले में रुचि ले रहे हैं। अगर आँखों का संपर्क कम है, तो इसे आम तौर पर डर, बेईमानी, शत्रुता या बोरियत का संकेत माना जाता है।

शोध दर्शाता है कि जब नौकरी का इंटरव्यू लेने वाला आँखों का संपर्क कायम रखता है, तो उम्मीदवार ज्यादा पूर्ण और अच्छे जवाब देते हैं। कक्षा में जो पढ़ाया जाता है, उसे विद्यार्थी कितना समझते और याद रखते हैं, वह भी शिक्षक की आँखों के संपर्क से सीधे जुड़ा होता है। दूसरी तरफ, सामने वाले की आँखों पर ही निगाह टिकाए न रखें। उसके पूरे चेहरे को देखें।

हम अपने श्रोताओं की बॉडी लैंग्वेज को कैसे समझें, इस बारे में अध्याय 3 में बात की जाएगी।

संदेशों को टीवी की तरह प्रसारित करें : हमें अपनी पाँचों इंद्रियों से जानकारी मिलती है। सूंघने, स्वाद लेने और महसूस करने से विचार तथा आभास विकसित होते हैं, लेकिन हमारे दिमाग में सबसे ज्यादा जानकारी सुनने और देखने से पहुँचती है - ऑडियो और वीडियो। टेलीविजन के इस युग में इसमें एक गहरा बदलाव हुआ है। टेलीविजन ने ऑडियो और वीडियो को मिला दिया है, ताकि जो लोग इस माध्यम पर बच्चों के एनीमेशन प्रोग्रामो से लेकर आज के समाचारों को देखते बड़े हुए हैं, वे लोग आँख-कान से एक साथ जानकारी ग्रहण करने के आदी हो जाएँ। हमें दूसरे लोगों के साथ अपने संप्रेषण में "बहुल-इंद्रिय-संदेश" देने की आदत डाल लेनी चाहिए, ताकि हमारे संदेश ज्यादा प्रभावी ढंग से पहुँच सकें।

सिर्फ बताएँ नहीं - दिखाएँ : जोआन जब अपने कर्मचारियों को बीमा दावे निबटाने का प्रशिक्षण दे रही थी, तो उसने पाया कि जब वह प्रक्रिया समझाते समय फ्लो चार्ट बनाती थी, तो कर्मचारी इसे ज्यादा आसानी से लेते थे। सिखाते समय वह हर कदम के लिए बॉक्स खींचती थी और तीर बनाकर एक कदम से दूसरे कदम तक की गतिविधि दिखाती थी।

स्टीव ने दुःखद अनुभव से सीखा कि काम करने के तरीके के बारे में बताने भर से कर्मचारी उसकी बात नहीं समझ पा रहे थे। वेयरहाउस में आए बिना कर्मचारी उसकी बताई हुई बातों को पूरी तरह नहीं समझ पाते थे। उसे अपने प्रशिक्षुओं को अलग-अलग जगहों से वेयरहाउस में लाने में बहुत समय और पैसा खर्च करना होता था। प्रशिक्षण को सरल बनाते हुए उसने उन वेयरहाउस का एक मॉडल तैयार किया। अब वह इस मॉडल के जरिये अपने कर्मचारियों को प्रशिक्षण देता था और बताता था कि उन्हें कौन-सा काम कब और कहाँ करना होगा।

कई एक्जीक्यूटिब्ज के ऑफिसों में फ्लिप चार्ट या चॉकबोर्ड होते हैं, ताकि वे विजुअल माध्यम का इस्तेमाल करके अपने मौखिक संप्रेषण में जान डाल सकें। अगर किसी विषय पर चार्ट, ग्राफ, रेखाचित्र या स्केच के साथ बात की जाती है, तो प्रस्तुति ज्यादा असरदार हो जाती है। जब बोली गई बातों के साथ-साथ चित्र भी दिखाए जाते हैं, तो लोग किसी विषय के बारे में ज्यादा तेजी से सीखते हैं और ज्यादा लंबे समय तक याद रख पाते हैं।

सिरेकस यूनिवर्सिटी स्कूल ऑफ जर्नलिज्म के एक बेहद लोकप्रिय प्रोफेसर थे। वे कार्टूनिस्ट भी थे। व्याख्यान देते वक्त वे कार्टून और हास्य-चित्र बनाते थे। उनके साथी इस आदत पर नाक-भौं सिकोड़ते थे और उनकी इस हरकत को प्रोफेसर के आदर्श व्यवहार के अनुरूप नहीं मानते थे। वे उपहास करते हुए कहते थे, "वह पढ़ा नहीं रहा है, वह तो बस अपनी कक्षाओं का मनोरंजन कर रहा है।" सच है, उनके विद्यार्थियों को यह रोचक लगता था, लेकिन इसकी बदौलत वे बहुत ज्यादा जानकारी प्राप्त कर लेते थे. जो अकेले व्याख्यानों से संभव नहीं था। बरसों बाद भी उनके विद्यार्थियों को उनकी सिखाई बातें याद रहती थीं।

विजुअल साधनों का प्रभावी इस्तेमाल कैसे किया जाए, इस बारे में

अध्याय 5 में बात की जाएगी।

फोन पर चित्र बनाएँ : एक मीडिया का इस्तेमाल हम चित्र बनाने के लिए नहीं कर सकते हैं और यह है फोन। लेकिन अगर हम फोन पर शब्द-चित्र खींच दें, तो हमारे श्रोता उसे "देखने" में सक्षम हो सकते हैं। हम जो कह रहे हैं, उसका शब्द-चित्र बनाने पर श्रोता अपने मन की आँख से तसवीर देख सकता है।

मान लें, हमसे अपनी इमारत का रास्ता पूछा जाता है। हम कहते हैं : "आई-95 से एग्जिट 23 तक जाएँ, जो मलबेरी सड़क है। रैम्प से दाएँ मुड़ें और कार से चौथी ट्रैफिक लाइट तक जाएँ, यह 17वाँ एवेन्यू है। 17वें एवेन्यू से बाएँ मुड़ें और बारह ब्लॉक आगे स्मिथ रोड तक पहुँचें। स्मिथ रोड पर दाएँ मुड़ जाएँ और पाँच ब्लॉक आगे जाएँ। हमारा नंबर 2345 स्मिथ रोड है।" यह वर्णन स्पष्ट है। लेकिन अब आइए यही रास्ता हम शब्द-चित्रों के माध्यम से बताते हैं : "आई-95 से एग्जिट 23 तक जाएँ, यह मलबेरी सड़क है। रैंप से दाएँ मुड़ जाएँ और कार से चौथी ट्रैफिक लाइट तक जाएँ। आपके बाईं तरफ टैक्सेको स्टेशन है और दाईं तरफ मैकडॉनल्ड है। यह 17वाँ एवेन्यू है। 17वें एवेन्यू से बाएँ मुड़ें। कार से फायरहाउस तक जाएँ, यह स्मिथ रोड है। कार दाएँ मोडें और बाईं तरफ ईंट की पीली इमारत तक जाएँ। यही हमारा ऑफिस, 2345 स्मिथ रोड है।"

क्या यह ज्यादा आसान नहीं है? आने वाले को लाइटें या ब्लॉक नहीं गिनने पड़ते हैं या सड़क के नाम नहीं देखने पड़ते हैं। उसे तो बस बड़ी इमारतों पर निगाह रखनी होती है, जो वैसे भी आसानी से दिख जाती हैं।

भविष्य को टीवी की तरह प्रसारित करें : सफल सेल्सकर्मी शब्द-चित्रों का इस्तेमाल करते हैं। ऑड्री कंप्यूटर बेचती है। उसके एक संभावित ग्राहक के सामने जो समस्याएँ थीं, उन पर बातचीत करते समय उसे पता चला कि वह बुनियादी तौर पर अपने अव्यवस्थित ऑफिस को लेकर चिंतित था, जिसका वह प्रबंधक था। उसने शिकायत की, "हर जगह कागज और फाइलों का अंबार लगा हुआ है। और मैं कभी अपनी जरूरत की फाइलें नहीं खोज पाता - हालाँकि वे शायद उसी ढेर में कहीं दबी होती हैं।" अपनी कंपनी के प्रॉडक्ट के तकनीकी पहलुओं का वर्णन करने के

बाद ऑड्री ने कहा, "आइए आज से छह महीने बाद की तसवीर देखते हैं। आप ऑफिस में जाते हैं। वहाँ डेस्कों और कुर्सियों पर कागज या फाइलों के कोई ढेर नहीं हैं। आपके सारे कर्मचारी अपने कंप्यूटरों पर काम कर रहे हैं; आपको एक फाइल की जरूरत पड़ती है। आप टर्मिनल पर बैठते हैं और फाइल का नाम डालते हैं। तुरंत चाही गई जानकारी आपकी स्क्रीन पर प्रकट हो जाती है। कोई इंतजार नहीं, कोई निराशा नहीं।"

ऑड्री ने भविष्य का शब्द-चित्र खींच दिया है। प्रबंधक को इसका मानसिक चित्र देखने और खरीदने का महत्त्व समझने के लिए ज्यादा कल्पना की जरूरत नहीं है।

स्पष्ट संवाद की बाधाएँ : चाहे हम संदेश कितनी ही अच्छी तरह तैयार कर लें और प्रस्तुत भी कर दें, अक्सर सामने वाले तक हमारा पूरा संदेश नहीं पहुँच पाता है। राह में कुछ बाधाएँ आ जाती हैं, जो संदेश के संप्रेषण में रुकावट डालती हैं।

इनमें से कुछ बाधाएँ भौतिक नहीं, बल्कि मनोवैज्ञानिक होती हैं। हमारी अभिव्यक्ति भले ही दोषहीन रही हो और हमने शब्द समझदारी से चुने हों, लेकिन अमूर्त क्षेत्रों में समस्याएँ उत्पन्न हो जाती हैं : हम में से प्रत्येक की धारणाएँ, अपना नजरिया और भावनाएँ होती हैं।

धारणाओं की जाँच करे : हमारे पास इस बारे में एक अच्छा विचार होता है कि कोई खास समस्या किस कारण उत्पन्न होती है और इसे कैसे सुलझाया जा सकता है। इस पर दूसरों से बातचीत करते समय हम यह मान लेते हैं कि वे भी इसके बारे में उतना ही जानते हैं, जितना कि हम जानते हैं, इसलिए हमारा कथन इस गलत धारणा पर आधारित होता है कि उनके पास वह व्यावहारिक ज्ञान है, जो दरअसल उनके पास नहीं होता। नतीजा यह होता है कि हम उन्हें पर्याप्त जानकारी नहीं देते हैं।

अपने नजरिये के बारे में जागरूक बनें : संवाद की एक और बाधा संदेश भेजने वाले और पाने वाले दोनों के नजरिये हैं। जो मैनेजर घमंडी होता है, वह दी जाने वाली जानकारी और निर्देशों में इस बात को उजागर कर

देगा। वह स्टाफ के सदस्यों को छोटा या हीन समझेगा, जो उन्हें समझ में आ सकता है। इससे द्वेष उत्पन्न होता है, जो संवाद को अवरुद्ध कर देता है। संदेश को ग्रहण करने के लिए यह जरूरी है कि न सिर्फ श्रोता इसे समझ ले, बल्कि स्वीकार भी करे। जब द्वेष उत्पन्न हो जाता है, तो स्वीकृति संभव नहीं होती है।

जो कर्मचारी अपने लीडर के नजरिये से चिढ़ने में व्यस्त होता है, वह दरअसल उसकी कही बात "सुनता" ही नहीं है। स्टाफ के सदस्यों के साथ संप्रेषण करते समय अच्छे लीडर तानाकशी और "नीचे दिखाने वाली" हरकतों जैसे घमंड के सूचकों से बचते हैं।

पूर्व धारणाओं पर निगाह रखें : लोगों में वह सुनने की प्रवृत्ति होती है, जो सुनने की वे अपेक्षा रखते हैं। उन्होंने उस विषय पर पहले से जो बातें सुन रखी हैं, उनके आधार पर वे मिलने वाले संदेश को तोड़-मरोड़ लेते हैं। इसलिए अगर नई जानकारी अपेक्षा से भिन्न है, तो वे इसे गलत मानकर खारिज कर सकते हैं। नए संदेश को सचमुच सुनने के बजाय हो सकता है कि वे अपने मन की पुरानी बातें सुन रहे हों।

इसका क्या मतलब है? लोगों को दिमाग खुला रखने का प्रशिक्षण देना चाहिए। जब कोई उन्हें नई जानकारी देता है, तो उन्हें उसे निष्पक्षता से सुनने और उसका मूल्यांकन करने का अतिरिक्त प्रयास करना चाहिए। उन्हें इसे सिर्फ इसलिए बाहर नहीं रोक देना चाहिए, क्योंकि यह उनकी पूर्व धारणाओं से भिन्न है।

दूसरों के साथ संवाद करते समय उनकी पूर्व धारणाओं का पता लगाने की कोशिश करें। यदि वे ऐसे लोग हैं, जिनके साथ हम नियमित रूप से काम करते हैं, तो हम शायद जानते हैं कि अनेक मुद्दों पर उनका कैसा दृष्टिकोण है। उनके सामने अपने दृष्टिकोण रखते वक्त इस ओर ध्यान दें कि इस बारे में उनके विश्वास क्या हैं। यदि उनके विश्वास हमारे विश्वासों से भिन्न हैं, तो उन बाधाओं को लाँघने की कोशिश करने को तैयार रहें।

पूर्वाग्रह-हमारे और उनके : किसी व्यक्ति के पक्ष में या उसके खिलाफ हमारे पूर्वाग्रह इस बात पर असर डालते हैं कि हम उनके संदेशों को किस तरह से ग्रहण करते हैं। जिस व्यक्ति को हम पसंद करते हैं और उसका

सम्मान करते हैं, उसके विचार हम ज्यादा गौर से सुनते हैं और हमारे द्वारा उसके विचार स्वीकार करने की उतनी ही ज्यादा संभावना होती है। इसके विपरीत, जिन लोगों को हम पसंद नहीं करते, हममें उनकी दी गई जानकारी को बाहर रखने और उनके विचारों को अस्वीकार करने की प्रवृत्ति होती है।

अनुभूति दरअसल ग्रहण करने वाले के मन में वास्तविक होती है। जब तक कि किसी स्थिति के बारे में हमारी और सामने वालों की अनुभूति सामंजस्य में न हो, तब तक हमारे बीच गलतफहमियों की काफी गुंजाइश रहती है।

पूर्वाग्रह हमेशा इस बात को भी प्रभावित करते हैं कि सामने वाले हमारी बात को कैसे ग्रहण करते हैं। जिस विषय पर लोगों की प्रबल भावना होती है, उसके बारे में विपरीत दृष्टिकोण सुनते ही लोग अपने कान बंद कर लेते हैं। कैरोल इसका अच्छा उदाहरण है। कंपनी कंट्रोलर की भूमिका में वह लागत कम करने पर आमादा रहती है। जिस बात से लागत बढ़ती हो, उसे वह सुनना ही नहीं चाहती, चाहे दीर्घकालीन लाभ कितने भी हों। किसी मौलिक विचार पर उसे राजी करने के लिए हमें पहले उसे यह विश्वास दिलाना होगा कि हालाँकि लागत कुछ समय के लिए बढ़ सकती है, लेकिन आगे चलकर इससे लागत कम होगी।

> आप दूसरे लोगों में रुचि लेकर दो महीनों में इतने ज्यादा मित्र बना सकते हैं, जितना स्वयं में दूसरों की रुचि जगाने की कोशिश करके दो साल में भी नहीं बना सकते। -डेल कारनेगी

कई लोग तो अपने पूर्वाग्रहों के बारे में चेतन ही नहीं होते हैं। यह विश्लेषण करने का समय निकालें कि हमने अतीत में कुछ निर्णय क्यों लिए हैं। क्या वे हमारे पूर्वाग्रहों से बहुत प्रभावित रहे हैं? ये छह कदम उठाएँ :

1. अपने पूर्वाग्रहों के बारे में जागरूक बनें।
2. पहचानें कि हम ये पूर्वाग्रह क्यों रखते हैं।
3. समान गुणों को स्वीकार करें।
4. अपने पूर्वाग्रहों को एक तरफ रख दें और दिमाग को खुला रखें।

5. दूसरे लोगों के विचारों पर निष्पक्षता से सोचने की कोशिश करें।
6. किसी नकारात्मक अनुभव की वजह से अपने पूर्वाग्रहों को दोबारा ताजा होने की अनुमति न दें।

अपनी भावनात्मक अवस्था के बारे में जागरूक बनें : हम सभी के बुरे दिन होते हैं। और ऐसे ही किसी बुरे दिन हमारा कोई सहयोगी किसी नए विचार के बारे में पूरी तरह रोमांचित होकर हमारे पास आता है। हम कैसे प्रतिक्रिया करते हैं? शायद हम सोचते हैं, "इस समय मेरे सिर पर पहले से ही काम का बहुत बोझ है, इसकी किसे जरूरत है?" हमारा दिमाग बंद होता है और संदेश दिमाग में पहुँचता ही नहीं है।

किसी संदेश को देते या पाते समय हमें न सिर्फ अपनी भावनात्मक अवस्था के बारे में जागरूक रहना चाहिए, बल्कि हमें अपने अधीनस्थ की भावनात्मक अवस्था के बारे में भी सोचना चाहिए। कोई महत्त्वपूर्ण प्रोजेक्ट आता है और हम इसके बारे में अपने स्टाफ के दो सदस्यों डैन और जोआन के पास बात करने जाते हैं। जोआन इस काम को लेकर उत्साही है; डैन संदेहवादी है। क्यों? डैन इसलिए चिढ़ा हुआ है, क्योंकि वह किसी दूसरे प्रोजेक्ट पर काम कर रहा है और उसी पर ध्यान केंद्रित करना चाहता है। वह महसूस करता है कि यह काम उसे सौंपने के बारे में हम विवेकशून्यता और विचारशून्यता का परिचय दे रहे हैं।

टब में कदम रखने से पहले हमें हमेशा पानी के तापमान की जाँच कर लेनी चाहिए। डैन और जोआन से उनके वर्तमान कामों के बारे में संक्षिप्त बातचीत से हमें पता चल सकता है कि डैन अपने वर्तमान प्रोजेक्ट में कितना समय लगा रहा है। नए काम को पेश करते वक्त यह जताएँ कि उसका वर्तमान काम महत्त्वपूर्ण है और हम उसकी प्रगति से खुश हैं। उसे दिखाएँ कि नए काम के लिए हमने उसे इसलिए चुना, क्योंकि इससे उसके वर्तमान काम में रुकावट नहीं आएगी, बल्कि यह उसके वर्तमान काम का पूरक बनेगा।

संवाद-मार्ग : वक्ता और श्रोता के बीच विकृति

संवाद में हस्तक्षेप और विकृति का एक बड़ा स्रोत वह मार्ग है, जिससे

संदेश वक्ता से श्रोता तक पहुँचता है। कई बड़े संगठनों में संवाद निश्चित मार्गों से होकर ही गुजरता है। मार्ग जितने ज्यादा व्यापक होते हैं, संदेश के विकृत होने की उतनी ही ज्यादा आशंका रहती है। इसका उदाहरण लोकप्रिय पार्टी गेम है, जहाँ एक व्यक्ति कोई घटना अपने पड़ोसी को फुसफुसाकर बताता है, जो इसे अगले व्यक्ति के सामने दोहराता है और यह सिलसिला पूरे कमरे में चलता जाता है। जब तक वह कहानी मूल व्यक्ति को दोबारा बताई जाती है, कहानी पूरी तरह बदल जाती है।

यह असामान्य नहीं है कि "मार्गों द्वारा" मौखिक रूप से बताई जाने वाली जानकारी हर व्यक्ति के बाद विकृत हो जाए, जिससे अंतिम श्रोता तक पहुँचने वाला संदेश वही नहीं होता है, जो वक्ता ने भेजा था।

लिखित संवाद का इस्तेमाल करने से यह मुश्किल काफी कम हो सकती है। लिखी बातों का गलत मतलब निकालना ज्यादा मुश्किल होता है, हालाँकि अलग-अलग लोग लिखी गई बातों की भी अलग-अलग व्याख्या कर सकते हैं। लेकिन लिखने के कुछ नुकसान भी होते हैं : कई मसलों पर लिखित संवाद या तो नहीं किया जा सकता या नहीं करना चाहिए। लिखने में समय लगता है। तात्कालिक और अल्पकालीन रुचि वाले मसलों के बारे में लिखना उचित नहीं होता।

एक ज्यादा प्रभावी तरीका यह है कि प्रेषक से प्राप्तकर्ता यानी वक्ता से श्रोता तक के संवाद-मार्ग को छोटा किया जाए और व्यावहारिक होने पर बीच की कड़ियों से बचना मुनासिब रहता है। रास्ते में कड़ियाँ जितनी कम होंगी, अर्थ में विकृति की उतनी ही कम आशंका रहेगी। बँधे-बँधाये संवाद-मार्गों का मुख्य कारण यह सुनिश्चित करना है कि किसी प्रोजेक्ट के लिए जिम्मेदार लोगों को इससे जुड़ी हर चीज की जानकारी रहे। इसमें समझदारी लगती है, लेकिन अक्सर इसकी अति कर दी जाती है। यदि किसी मसले में नीतिगत निर्णय या बड़ी गतिविधि के मुख्य क्षेत्र शामिल हैं, तो संवाद-मार्ग का अनुसरण करना महत्त्वपूर्ण होता है। लेकिन कंपनियों में ज्यादातर संप्रेषण सामान्य मसलों पर होता है। इनके लिए संवाद के लंबे मार्गों का इस्तेमाल न सिर्फ संदेश को विकृत कर सकता है, बल्कि इससे काम भी धीमा हो जाता है।

फीडबैक के प्रति खुले रहें : हमारी बाहरी छवि का प्रबंधन करने में शायद सबसे बड़ी चुनौती यह रहती है कि हम खुद को ठीक उसी तरह नहीं देख सकते, जिस तरह दूसरे हमें देखते हैं। शोध बताता है कि हम अपने बारे में दूसरों से ज्यादा आलोचनात्मक होते हैं। इसके अलावा हम अपने उन नकारात्मक व्यवहारों के बारे में पूरी तरह अनजान हो सकते हैं, जिन्हें सुधरने की जरूरत है।

अपनी बाहरी छवि की सटीक जानकारी पाने के कुछ तरीके ये हैं :

- मीटिंग में बोलते वक्त के अपने वीडियो देखना और सुनना
- आईने के सामने बोलकर रिहर्सल करना
- विश्वस्त सहकर्मियों से ईमानदार राय लेना
- श्रोताओं की प्रतिक्रिया पर गौर करना।

"कोच" रखना एक अच्छा विचार है, जो संवाद की समस्याओं को पहचानने में मदद करे और उनसे उबरने में हमारी मदद करे। इस क्षेत्र में पेशेवर भाषण कोच या डेल कारनेगी के "हाई-इम्पैक्ट प्रजेंटेशन्स" प्रोग्राम के व्यावहारिक सेमिनारों से मदद मिल सकती है।

काम सौंपें : अपने स्टाफ को काम सौंपना किसी मैनेजर या सुपरवाइजर के सबसे महत्त्वपूर्ण संवाद कार्यों में से एक है। अक्सर हम यह शिकायत सुनते हैं : "मैं यह नहीं समझ पाता कि मेरे कर्मचारी आदेशों का पालन क्यों नहीं कर पाते हैं। मैं उन्हें बिलकुल स्पष्ट निर्देश देता हूँ, फिर भी वे उसे समझने में गलती कर देते हैं।"

अक्सर हमने कितनी बार यह बात कही है या दूसरे सुपरवाइजरों को अफसोस करते सुना है कि उनके कर्मचारी काम सही ढंग से नहीं कर सकते हैं। शायद इसका कारण यह नहीं है कि हमारे कर्मचारी अयोग्य हैं, बल्कि यह है कि हम काम उतने प्रभावी ढंग से नहीं सौंप रहे हैं, जितने प्रभावी ढंग से सौंपे जा सकते हैं।

असाइनमेंट की योजना बनाना : जैसा इस अध्याय की शुरुआत में बताया गया था, हमें अपने संदेश की योजना बनानी चाहिए। अक्सर सुपरवाइजर असाइनमेंट की तैयारी में समय नहीं लगाते हैं। वे जानते हैं कि क्या करना है और वे यह मान लेते हैं कि किसी कर्मचारी को इसे करने

का आदेश देने से ही काम सही तरीके से हो जाएगा।

योजना इस स्पष्ट अवधारणा से शुरू होती है कि क्या हासिल होना चाहिए। भले ही हम वैसा काम पहले भी कई बार कर चुके हों, लेकिन एक बार फिर इस पर पूरी तरह सोच-विचार करना महत्त्वपूर्ण होता है। सोचें कि अधीनस्थ इसे किस तरह से देख सकता है। यदि हमारे सामने यह प्रोजेक्ट पहली बार आया होता, तो हमें क्या जानने की जरूरत होती? सूची बनाएँ कि हम कौन-से उद्देश्य हासिल करना चाहते हैं और इन्हें हासिल करने के लिए आवश्यक जानकारी, सामग्री, साधनों, समर्थन स्रोतों और काम को करने के लिए आवश्यक हर अन्य चीज को लिख लें।

> याद रखें, किसी व्यक्ति का नाम उसके लिए सभी भाषाओं में सबसे मधुर और सबसे महत्त्वपूर्ण शब्द होता है। -डेल कारनेगी

योजना बनाने का एक बहुत अहम हिस्सा यह तय करना होता है कि वह काम किस कर्मचारी को सौंपें। लोगों का चयन करते समय इस बात पर गौर करना चाहिए कि काम कितना महत्त्वपूर्ण है। यदि काम को तेजी से और बहुत कम निगरानी के साथ कराना अनिवार्य हो, तो ऐसे लोगों को चुनें, जो पहले ऐसे काम में योग्य साबित हो चुके हैं। बहरहाल, यदि उस काम में हमारे पास मार्गदर्शन देने के लिए पर्याप्त समय है, तो इसे कम योग्य लोगों को सौंपने से फायदा हो सकता है, क्योंकि इस प्रोजेक्ट का इस्तेमाल करके आप अपने स्टाफ की योग्यता बढ़ा सकते हैं और उन्हें प्रशिक्षित कर सकते हैं।

असाइनमेंट पर संवाद करना : बारबरा निराश थी। उसने कैरोल को विस्तार से बताया था कि वह क्या कराना चाहती है और कैरोल ने उसे आश्वस्त किया था कि वह समझ गई है। अब एक सप्ताह बाद कैरोल ने जो काम करके दिया, वह बिलकुल गड़बड़ था। उसका बहाना : "मैंने सोचा था, आप यही चाहती हैं।"

नॉर्मन परेशान था। उसके बॉस ने उसे ऐसी डेडलाइन दी थी, जिसे पूरा करना उसके हिसाब से असंभव था। नॉर्मन के मन में ये बातें थीं, "वे समझते ही नहीं हैं। मैं इतने कम समय में इतना ज्यादा काम कर ही नहीं

सकता। मैं जो कर सकता हूँ, वह सब करूँगा, लेकिन मैं जानता हूँ कि मैं कामयाब नहीं हो सकता।" ।

जैसा इस अध्याय में पहले बताया गया है, सुपरवाइजर को यह सुनिश्चित कर लेना चाहिए कि कर्मचारी निर्देश को पूरी तरह समझ गया है और उसने उसे स्वीकार कर लिया है।

कार्य-योजना तैयार करें : जिन प्रोजेक्टों में काफी समय लगने की उम्मीद हो, उन्हें शुरू करने से पहले अधीनस्थ से कार्य-योजना तैयार करने को कहें। इसमें यह स्पष्ट होना चाहिए कि क्या करना है, इसे कब तक करना है और इसमें किसके समर्थन की जरूरत हो सकती है।

रीटा को यह काम सौंपा गया था कि वह एक मीटिंग में पूरे देश से शिकागो आ रहे बीस सेल्स कर्मियों की यात्रा का इंतजाम करे। काम शुरू करने से पहले उसने कार्य-योजना लिखी, जिसमें उसने इससे जुड़े हर पहलू पर विचार किया, जिनमें सेल्स कर्मियों को जानकारी देना, हवाई यात्रा और होटल के रिजर्वेशन कराना और सभी लोगों तक टिकट समय रहते पहुँचाना शामिल था। योजना में समयसारणी भी थी कि हर चरण कब शुरू और पूरा होगा और उसे हर चरण में किस-किस का सहयोग चाहिए होगा। काम शुरू करने से पहले अपने बॉस के साथ विचार-विमर्श करने का नतीजा यह हुआ कि किसी भी तरह की गलतफहमियाँ और संभावित समस्याएँ उत्पन्न नहीं हुई।

गौर करें कि रीटा ने अपनी कार्य-योजना लिखी थी। इसका यह फायदा था कि वह और उसके बॉस दोनों ही किसी भी समय जाँच करके यह देख सकते थे कि योजना का क्रियान्वयन ठीक से हो रहा है या नहीं। इसका यह फायदा भी था कि उत्पन्न होते ही समस्याओं को तुरंत पकड़ा जा सकता था।

जाँच करना : चाहे किसी काम की योजना कितनी ही अच्छी तरह बनाई गई हो, यह सुपरवाइजर का दायित्व है कि वह समय-समय पर जाँच करके यह सुनिश्चित करे कि काम योजना के अनुसार हो रहा है।

ऐलन का मानना है कि अगर वह ज्यादा बार जाँच करेगा, तो उसके कर्मचारी सोचेंगे कि उसे उन पर भरोसा नहीं है। "मैं चाहता हूँ कि मेरे कर्मचारी सच्चे सहभागी बनें। एक बार जब मैं उनकी कार्य-योजना से सहमत

हो जाता है. तो मैं मानकर चलता है कि वे इसके अनुरूप काम करेंगे। अगर मैं उनकी जाँच करने लगें, तो वह छवि ध्वस्त हो जाएगी, जो मैं बनाने की कोशिश कर रहा हूँ।"

ऐलन की बात में कुछ दम है, लेकिन इसके बावजूद उसके विभाग की सफलता के लिए अंततः वही जिम्मेदार है और यदि सौंपे गए काम सही तरीके से पूरे नहीं होते हैं, तो इससे उसकी योग्यता पर प्रश्न चिन्ह लगेगा। सौंपे गए काम सही तरीके से पूरे हो जाएँ, यह सुनिश्चित करने के लिए हमें जाँच करते रहना चाहिए। ध्यान रहे, जाँच इस तरह करें, ताकि कर्मचारियों को ऐसा न लगे कि हमें उन पर भरोसा नहीं है।

ऐलन के प्रबंधन दर्शन की कुंजी है सहभागिता। इसलिए जाँच सहभागी अंदाज में करनी चाहिए। ऐलन के लिए यह उचित नहीं था कि वह अपने कर्मचारियों की पीठ के पीछे से झाँके या अप्रत्याशित जाँच करके उन्हें हैरान करे। इसके बजाय होना यह चाहिए था कि जाँच को कार्य-योजना में ही शामिल करना चाहिए था। जब कर्मचारी योजना बनाता है, तभी जाँच बिंद भी प्रोजेक्ट में शामिल होने चाहिए। जैसे ही प्रोजेक्ट का कोई चरण पूरा होता है, कर्मचारी ऐलन से काम की प्रगति पर बातचीत करेगा। उसे अपने काम की समालोचना करने और नई चीजों को भी उस काम में शामिल करने के लिए प्रोत्साहित करना चाहिए। जाहिर है, ऐलन भी उचित टिप्पणियाँ करेगा और सुझाव देगा। इस तरह जाँच सहभागी नीति का हिस्सा बन जाती है और अधीनस्थ के लिए प्रेरणा का काम करती है, ताकि वह सौंपे गए काम की चुनौती पूरी करने में ज्यादा सफल हो।

कूटनीति और चतुराई का इस्तेमाल करना : हमारे संवाद के तरीके से सकारात्मक या नकारात्मक भाव उत्पन्न हो सकते हैं। यदि हम सम्मान या संवेदनशीलता के बिना आक्रामक शैली में संवाद करते हैं, तो दूसरों की रक्षात्मक और क्रोधित भावनाएँ उन्हें वह संदेश सुनने से रोक सकती हैं, जो हम पहुँचाने की कोशिश कर रहे हैं। कूटनीति और चतुराई से संवाद करना एक ऐसी नीति है, जो शक्ति और संवेदनशीलता को मिला देती है तथा भावनाओं को दूर रखती है। जब हम कूटनीति और चतुराई के साथ काम करते हैं, तो हम सामने वाले को सहज बनाने के लिए उसके हिसाब से

अपनी शैली ढाल लेते हैं।

ज्यादातर लोगों में संवाद की अपनी मनपसंद शैली का अनुसरण करने की प्रवृत्ति होती है। संवाद शैलियों पर शोध के हिसाब से आम तौर पर पाँच श्रेणियाँ या शैलियाँ होती हैं :

- **दोस्ताना शैली :** ये लोग अनौपचारिक, स्नेही, संबंध केंद्रित, मददगार और गर्मजोशी भरे होते हैं। वे बहस करना पसंद नहीं करते और वे सकारात्मक फीडबैक की तलाश करते हैं।
- **विश्लेषणात्मक शैली :** ये लोग औपचारिक, व्यवस्थित और सुनियोजित होते हैं। वे आँकड़ों और विवरणों से प्रभावित होते हैं। वे प्रमाण को गौर से देखते हैं और जिन समस्याओं पर बात हो रही है, उनके जवाब और समाधान खोजने के लिए इन सारी चीजों का इस्तेमाल करते हैं।
- **रोमांचित शैली :** ये लोग प्रदर्शनात्मक और अभिव्यक्ति-केंद्रित होते हैं। ये अपनी बात रखते समय मुद्राओं का इस्तेमाल करने के आदी होते हैं। विवरणों के बजाय ये बड़ी तसवीर से ज्यादा सरोकार रखते हैं। इनकी मुख्य चिंता यह होती है कि इसमें उनके लिए क्या है।
- **व्यावहारिक शैली :** ये लोग लक्ष्य-केंद्रित होते हैं और उद्देश्य हासिल करने पर केंद्रित होते हैं। भले ही इनकी प्रबल राय और दृष्टिकोण हों, लेकिन ये सामने रखे गए दूसरे विकल्पों पर विचार करने को तैयार रहते हैं।
- **कूटनीतिक और चतुर संवाद की शैली वाले :** सामने वाले की शैली के हिसाब से उससे घनिष्ठता स्थापित कर लेते हैं। वे उतना समय बिताते हैं, जो दूसरे व्यक्ति के लिए सुविधाजनक हो। जिस व्यक्ति से वे बात कर रहे होते हैं, उसकी शैली के हिसाब से उपयुक्त गति और भाषा का इस्तेमाल करते हैं। सामने वाले व्यक्ति की संवाद शैली के आधार पर समय को लेकर सचेत रहते हैं।

कर्मचारियों का विश्वास अर्जित करना : संवादकुशल बनने के लिए हमें उन लोगों का विश्वास और सम्मान हासिल करना चाहिए, जिनके साथ हम जुड़े हुए हैं। इसे अर्जित करने के लिए हमें यह करना चाहिए :

दूसरों की रुचियों में मन लगाएँ, प्रश्न पूछे, यह पता लगाएँ कि वे किस चीज से प्रोत्साहित होते हैं, और सीखने व विकास करने में उनकी मदद करें। आँख-कान और हृदय से संजीदगी से सुनें; पूर्वाग्रह व मूल्यांकन न रखें।

राय की भिन्नताओं, पूर्वाग्रहों और विविधताओं के बावजूद सामने वाले में गुण खोजें व उनका सम्मान करें। निर्णयों में दूसरों को शामिल करें, खुला और स्वीकार करने वाला नजरिया प्रदर्शित करें तथा नए विचारों के प्रति अपनी मानसिकता खुली रखें। सौदेबाजी और समझौता करने की इच्छा रखें और अलग-अलग दृष्टिकोण वाले लोगों के बीच मध्यस्थ बनें।

बोलने से पहले सोचें। अपने शब्द और कार्य चुनते वक्त श्रोताओं, संबंध और परिवेश पर विचार करें। सबको शामिल करने वाली भाषा का इस्तेमाल करें और कूटनीति, चतुराई व संवेदनशीलता का सहारा लें।

विश्वास से, निर्णयात्मक अंदाज में और अधिकार के साथ बोलें तथा राय व्यक्त करते समय प्रमाण पेश करें। अपने अटल विश्वासों और आदर्शों की रक्षा करें। विनम्र विशेषज्ञ बनें और दूसरों की विशेषज्ञता को स्वीकार करने के लिए तैयार रहें।

विश्वसनीय बनें, दूसरों की गोपनीय बातें उजागर न करें, वादे पूरे करें और अपने शब्दों के अनुरूप काम करें। मनोदशा के उतार-चढ़ाव से बचें। एक जैसे अंदाज में, तार्किक अंदाज में, पक्षपातरहित, ईमानदार और नैतिक तरीके से काम करें। आदर्श रोल मॉडल बनें, पेशेवर अंदाज में काम करें और हमेशा अपने वादे के मुताबिक काम करें।

3

अध्याय

साहसी बनें

अपने लक्ष्यों का पीछा करते समय आपको ऊर्जा और समय लगाना होगा, तात्कालिक खुशियों का त्याग करना होगा, विरोध से जूझना होगा। बाधाओं व चुनौतियों से उबरने की इच्छा शक्ति और सफल होने का संकल्प सफलता की राह में एक अनिवार्य तत्व है।

सफल लोगों में अपने विचारों पर अमल करने का साहस होता है। उन्हें जिस काम में विश्वास होता है, उसमें वे अपने धन, मेहनत और भावनाओं का निवेश करने को इच्छुक होते हैं। सफल होने वाले ये लोग जब आश्चर्यजनक साहस का प्रदर्शन करते हैं, तो वे लापरवाह जुआरी नहीं होते हैं। वे अपनी कार्ययोजना बहुत सावधानी से तैयार करते हैं और फिर कर्म में सक्रियता से जुट जाते हैं।

यदि हम आम लोगों की श्रेणी से ऊपर उठना चाहते हैं, तो हमें जोखिम लेना होगा। हम इसे हमेशा "सुरक्षित घेरे" से नहीं खेल सकते। सुरक्षा ज्यादातर मामलों में अंध

विश्वास है, मिथ्या धारणा है। यह प्रकृति में मौजूद नहीं है, न ही लोग आम तौर पर इसका अनुभव करते हैं। सभी ख़तरों से बचने की कोशिश हमें लंबे समय में उतनी ही सुरक्षित बनाती है, जितनी कि उनसे सीधी मुठभेड़ करना। जीवन अपने आप में साहसिक अभियान है।

महान अमेरिकी सर्वोच्च न्यायालय के न्यायाधीश ऑलिवर वेंडेल होम्स ने इसे इस तरह से कहा था, "सुरक्षा एक भ्रम है और चैन इंसान की तक़दीर में नहीं होता।"

चाहे संसार कारोबार का हो, खेल का हो या राजनीति का हो, वही लोग महानता के शिखर पर पहुँचते हैं, जिन्होंने संभावनाओं की अवज्ञा करके, खतरनाक दिखने वाले पानी में छलांग लगाकर और सृजनात्मक निर्णय लेकर अपने साहस का प्रदर्शन किया। उन्होंने अपना सब कुछ गँवाने का जोखिम लिया, क्योंकि उन्हें अपनी सफलता के बारे में रत्ती भर भी शंका नहीं थी।

संसार में सबसे खतरनाक स्थिति में वे लोग हैं, जो खतरों से बचते हैं, जो अपनी मदद करने की कोशिश नहीं करते हैं और जो जीवन की सीढ़ी पर ऊपर पहुँचने का कोई प्रयास नहीं करते हैं। संसार में कोई भी शक्ति आपको ऊपर नहीं उठाएगी; यह काम आपको खुद करना होगा। जो लोग खुद की मदद नहीं करते हैं, ईश्वर भी उन लोगों की मदद नहीं करता है। सफलता का संकल्प हमारी प्रगति की सीढ़ी है। हमें यह सुनिश्चित करना चाहिए कि हमारी सीढ़ी में कोई पायदान कमजोर न हो।

हमें संकल्प की शक्ति विकसित करनी चाहिए। यदि हमारे विश्वास सतही हैं, तो हम किसी चीज के प्रति समर्पित नहीं होंगे। तब कोई भी हममें विश्वास नहीं करेगा, क्योंकि हम विश्वास को संप्रेषित नहीं कर पाएँगे। जब तक विश्वास इंसान के समूचे अस्तित्व पर नहीं छा जाता, तब तक जीवन में बहुत कम सफलता मिलती है। नए अनुभवों को जीतने या हारने के अवसर न मानें। इसके बजाय उन्हें सीखने के अवसर मानें। ऐसा करने से हमारे सामने नई संभावनाएँ खुल जाती हैं और आत्म-स्वीकृति का हमारा अहसास भी बढ़ सकता है। ऐसा न करने से हर संभावना असफलता का अवसर बन जाती है और व्यक्तिगत विकास को सीमित कर देती है।

लोगों के साथ जुड़िए

ऐलेक्स का बचपन शिकागो में गुजरा था। किशोरावस्था में वे और उसके मित्र काब्ज (शिकागो की बेसबॉल टीम) के जोशीले प्रशंसक थे। जब उनकी टीम जीतती थी, तो वे बहुत खुश होते थे और जब हारती थी, तो बहुत दुखी हो जाते थे। ऐलेक्स को अपने दोस्तों से ज्यादा दुख होता था। काब्ज की टीम के हारने पर वे बुरी तरह निराश हो जाते थे। एक ख़ास बुरे दौर के बाद ऐलेक्स ने सोचा, "यह इस लायक नहीं है। मैं किसी टीम के साथ इतना नहीं जुड़ूँगा कि मुझे इतनी निराशा हो।" इसके बाद उसने काब्ज़ या किसी टीम के साथ खुद को जोड़ने से इंकार कर दिया।

ऐलेक्स ने अपने जीवन के सभी पहलुओं में यही सिद्धांत अपना लिया। उनका दर्शन था : "अगर मैं किसी से ज्यादा नहीं जुड़ूँगा, तो मुझे कभी चोट नहीं पहुँच सकती।" स्कूल और नौकरी में वे हमेशा मध्यम मार्ग पर चलते थे। ऐलेक्स को कभी चोट नहीं पहुंची, लेकिन उन्हें कभी सच्ची खुशी भी महसूस नहीं हुई। उनका किसी से रिश्ता कामयाब न रहा, उनकी कोई टीम या चीज सफल नहीं होगी, यह जोखिम न लेकर वे "विचारों की पीड़ा" से तो बच गए, लेकिन उन्हें कभी "विजय के रोमांच" का अनुभव भी नहीं हुआ।

समर्पित बनें

डॉ. रॉबर्ट जारविक बरसों से कृत्रिम ह्दय के आविष्कार पर मेहनत कर रहे थे। कृत्रिम ह्दय पहले कभी नहीं बनाया गया था। उनके सहकर्मियों तथा दूसरे "विशेषज्ञों" ने उन्हें आगाह किया कि यह संभव नहीं है। जारविक के सामने यह जोखिम था कि आविष्कार सफल न होने पर उनकी बरसों की मेहनत पर पानी फिर जाएगा। लेकिन वे इस बात के प्रति समर्पित थे कि जब तक वे सफल नहीं हो जाएँगे, तब तक कोशिश करते रहेंगे।

आविष्कारकों और नवाचारी लोगों को हमेशा मखौल का सामना करना पड़ा है। फुल्टन की स्टीमबोट को "फुल्टन की मूर्खता कहा गया था और पहली कार का स्वागत यह ताना मारकर किया गया था कि तनाव ले आओ।" एडिसन ने बिजली के बल्ब का सफल आविष्कार करने से पहले इस दिशा में सैकड़ों कोशिशें की थीं और उनमें नाकाम हुए थे। यह अनिवार्य

है कि आविष्कारक समर्पित रहें, दूसरों के ताने झेलने को तैयार रहें, कई शंकाओं का सामना करने को तैयार रहें और अपने लक्ष्य तक पहुँचने से पहले एक के बाद एक पराजयों को झेलने को भी तैयार रहें।

असहमति प्रकट करने से न डरें

लिज विचलित थी। समूह के सभी लोग सहमत थे कि जिस समाधान पर चर्चा हो रही थी, उससे उनकी समस्या सुलझ जाएगी। अगर वह अपनी असहमति प्रकट करती है, तो लोग उसे मूर्ख या इससे भी बदतर, विद्रोही मान सकते हैं। खामोश बने रहना ही सुरक्षित कदम था, लेकिन लिज को पूरा विश्वास था कि समूह ने समस्या के एक महत्त्वपूर्ण पहल को नजरअंदाज कर दिया था। लिज ने तिरस्कार का जोखिम लेकर अपने दिल की बात कह दी। इसकी बदौलत समूह ने समस्या को एक अलग कोण से देखा और ज्यादा प्रभावी निष्कर्ष पर पहुंचा।

जोखिम लेने का मतलब यह नहीं है कि इंसान को दुस्साहसी होना चाहिए। तार्किक लोग तार्किक जोखिम लेते हैं, लेकिन जोखिम की प्रकृति ही ऐसी होती है कि इसमें असफलता की आशंका रहती है। तार्किक लोग निर्णय लेने से पहले सावधानी से विश्लेषण और जाँच-पड़ताल करके सफलता की संभावना को अधिकतम कर लेते हैं। लेकिन जब आखिरकार निर्णय हो जाता है, तो मैनेजर को धन, समय, ऊर्जा और भावना की संभावित क्षति का जोखिम लेने के लिए तैयार रहना चाहिए। जोखिम के बिना सफलता की कोई संभावना नहीं होती है।

सबसे बुरा क्या हो सकता है?

डेल कारनेगी ने अपनी पुस्तक हाउ टु स्टॉप वरीइंग ऐंड स्टार्ट लिविंग (चिंता छोड़ो सुख से जीयो) में यह सलाह दी थी कि मुश्किल आने पर खुद से पूछें, "वह सबसे बुरा क्या है, जो संभवत: हो सकता है?"; "सबसे बुरे को स्वीकार करने के लिए तैयार रहें; फिर सबसे बुरे को बेहतर बनाने की कोशिश करें।"

हमें भी इन्हीं सिद्धांतों पर चलना चाहिए, जब हम यह निर्णय लेने वाले हों कि किसी नवाचारी व क्रांतिकारी चीज का जोखिम लेना उचित

है या नहीं या फिर समस्या के प्रति थोड़ी अलग नीति अपनाना ही बेहतर होगा।

अगर हम अपनी नौकरी और जीवन में प्रगति करना चाहते हैं, तो हम सभी को जोखिम लेना होगा। सावधानीपूर्ण विश्लेषण करके हम असफलता की आशंकाओं को कम तो कर सकते हैं, लेकिन पूरी तरह ख़त्म नहीं कर सकते। कष्ट के बिना लाभ की संभावना भी नहीं रहती है। हमेशा सुरक्षित खेलकर हम पराजय के दर्द से तो बच सकते हैं, लेकिन हम वह भारी खुशी और संतुष्टि कभी महसूस नहीं कर सकते, जो बाधाओं से उबरने और अपने लक्ष्यों तक पहुँचने से मिलती है।

विश्वास रखें

अगर हम भीरु हों, खुद पर विश्वास न करते हों और अपने विचारों पर विश्वास न करते हों, तो हम सफल होने की उम्मीद नहीं कर सकते। क़दम आगे बढ़ाने से पहले हमेशा निश्चितता की उम्मीद न करें। खुद में विश्वास की कमी ही हमारी ज्यादातर असफलताओं का कारण होती है। शक्ति पर विश्वास करने से ही शक्ति मिलती है। जिन लोगों को खुद पर या अपनी शक्तियों पर विश्वास नहीं होता, वे चाहे जितने शक्तिशाली हों, वे कमजोर ही होते हैं।

व्यापारियों की आम असफलता का कारण यह नहीं है कि उनमें कारोबारी योग्यता की कमी है। इसके बजाय कारण यह है कि उनमें कारोबारी साहस की कमी है। हम बहुत प्रतिभाशाली क्षमताओं वाले लोगों को देखते हैं, जो अनिर्णय के शिकार होते हैं।

वे स्पष्ट बुद्धि का इस्तेमाल करने के बजाय कमजोर स्वभाव के सहज बोध का अनुसरण करने की प्रवृत्ति रखते हैं। संसार उन लोगों से भरा पड़ा है, जो सुरक्षा चाहते हैं, छोटे पदों पर काम करते हैं और कम तनख्वाह पाते हैं, सिर्फ इसलिए क्योंकि उन्होंने अपने चुने हुए क्षेत्रों में महारत हासिल करने को कभी महत्त्वपूर्ण नहीं माना।

कुछ असफल लोग अपने और दूसरों के लिए समस्या होते हैं। वे मेहनती, समझदार और किफायती होते हैं, लेकिन इसके बावजूद बुढ़ापे में गरीब बने रहते हैं। वे बदकिस्मती की शिकायत करते हैं, तक़दीर के खिलाफ होने का रोना रोते हैं, जबकि सच यह है कि वे सिर्फ इसलिए विफल हुए,

क्योंकि उन्होंने सिर्फ गतिविधि को ऊर्जा मानने की गलती कर ली। ये दोनों चीजें मूलतः अलग हैं, लेकिन असफल लोग इनके फर्क को नहीं समझ पाते हैं। वे यह मान लेते हैं कि यदि वे हमेशा व्यस्त रहते हैं, तो वे निश्चित रूप से अपनी तक़दीर चमका रहे हैं। वे यह बात भूल जाते हैं कि गलत दिशा में श्रम करना समय की बर्बादी है।

साहस सपनों को सच करता है

कई लोग अपने लक्ष्य इसलिए हासिल नहीं कर पाते हैं, क्योंकि वे अपने जीवन स्वप्न या अपनी महत्त्वाकांक्षा को काल्पनिक मान बैठते हैं और वास्तविक संसार में उसे संभव नहीं मानते हैं। ये लोग कभी अपने जीवन के उद्देश्य को बहुत गंभीरता से नहीं लेते हैं। नतीजा यह होता है कि वे अपनी क्षमताओं के अनुरूप ऊपर नहीं उठ पाते हैं। उन्हें यह अहसास ही नहीं होता कि उन सपनों को सच करने के लिए उन्हें एक निश्चित और स्पष्ट व्यक्तिगत भूमिका निभानी थी। हम यही करने के लिए यहाँ पर हैं; हमें सृष्टि की स्वतंत्र, असंबद्ध इकाइयों के रूप में नहीं भेजा गया है। जिन लोगों को खुद पर भरोसा होता है, वे महसूस करते हैं कि उनकी योग्यताएँ उनके सपनों को साकार कर सकती हैं।

अब्राहम लिंकन बहुत विनम्र और सरल इंसान थे। जब पूरे उत्तर में गृह युद्ध की पहली गूंज होने लगी और राष्ट्रपति का चुनाव करीब था, तो उन्होंने खुद को राष्ट्र नायक के रूप में आगे रखा। जब राजनेता इस सर्वोच्च पद के लिए किसी उपयुक्त व्यक्ति की तलाश कर रहे थे, तो लिंकन ने उनसे पूछा कि उन्हें नामांकित क्यों नहीं किया गया। उन्होंने बताया कि अंतरात्मा में उन्हें यह शक्ति महसूस होती है कि वे देश को आसन्न संकट के पार ले जाएँगे और उन्हें इस बात पर यकीन था कि उन्हें चुन लिया जाएगा। किसी कम विनम्र व्यक्ति के मुँह से यह बात निकलती, तो उसे डींग माना जाता, लेकिन लिंकन के उद्देश्य पवित्र थे, इसलिए उनका विश्वास उन्हें सफलता की ओर ले गया।

इतिहास रचने वाले लोगों को अपने जीवन के उद्देश्य के बारे में हमेशा पूरा विश्वास रहा है। उन्हें अपने सपने पर पूरा विश्वास था। उन्हें उस भूमिका पर पूरा विश्वास था, जो उन्हें निभानी थी। उन्हें इस बात पर यक़ीन था

कि उनकी महत्त्वाकांक्षा अपने आप में एक भविष्यवाणी थी। उन्हें विश्वास था कि उनके सपने कोरी कल्पना का ताना-बाना नहीं हैं, बल्कि भावी वास्तविकता हैं।

दूसरे शब्दों में, संसार के विजेता अपनी तक़दीर में गहन विश्वास करते हैं। उनके विश्वास की बदौलत हम भी उनकी शक्ति पर विश्वास करने लगते हैं। जो लोग अपनी तक़दीर में विश्वास करते हैं, उनमें हमें कोई खास बात नजर आती है, जिससे वे हमारा सम्मान और आदर हासिल कर लेते हैं। जिन लोगों को यक़ीन होता है कि वे मानव नाटक में एक भव्य भूमिका निभाने के लिए पैदा हुए हैं, संसार खुद उनके लिए राह बना देता है।

लेश वलेसा - पोलैंड के मुक्तिदाता

साहस के सर्वश्रेष्ठ उदाहरणों में से एक लेश वलेसा हैं। शेक्सपियर ने कहा था कि कुछ लोग महान पैदा होते हैं, कुछ महानता हासिल करते हैं और कुछ पर महानता थोप दी जाती है। लेश वलेसा आखिरी श्रेणी में आते हैं। पोलैंड की तानाशाह सरकार के ख़िलाफ खड़ा होने वाला एक भी नेता नहीं था। ऐसे समय लेश ने साम्यवादी सरकार के दमन के ख़िलाफ अपने लोगों की अगुआई की और गुमनामी के अँधेरे से निकलकर सामने आए।

वे गिडांस्कि के लेनिन शिपयार्ड में इलेक्ट्रिशियन थे। वे पोलैंड की साम्यवादी सरकार के प्रति असंतोष जाहिर करने वाले पहले व्यक्तियों में थे। सोवियत संघ के आधिपत्य की वजह से पोलैंड एक कठपुतली देश बनकर रह गया था। रोमन कैथोलिक होने के नाते उन्होंने इस बात पर भी आपत्ति की कि साम्यवादी चर्च का दमन कर रहे थे।

जाहिर है, वालेसा अकेले नहीं थे। तथाकथित "मजदूरों के स्वर्ग" से शिपयार्ड के ज्यादातर कर्मचारियों का भी मोहभंग हो चुका था, जिसका दावा साम्यवादियों ने किया था। शिपयार्ड में असंतोष प्रबल होता जा रहा था। यूनियन के सदस्यों ने एक गोपनीय समूह बनाया, जिसका नाम था "सॉलिडेरिटी।" यह शब्द पारंपरिक रूप से मजदूर संघ की गतिविधियों का संकेत था। यह पूँजीपतियों के खिलाफ मजदूरों की एकता का प्रतीक था। अब इस शब्द ने एक नया अर्थ ले लिया - साम्यवादियों के खिलाफ

कर्मचारियों का ठोस मोर्चा। वालेसा इस समूह के लीडर के रूप में उभरे।

उन्होंने यह विकट जिम्मेदारी क्यों ली? वे जानते थे कि इसकी वजह से वे गिरफ्तार हो सकते हैं, जेल जा सकते हैं, पुलिस की यातना मिल सकती है, और यहाँ तक कि उनकी मौत भी हो सकती है। वे जानते थे कि वे अपने परिवार को ख़तरे में डाल रहे हैं।

बरसों बाद जब उनसे पूछा गया कि क्या उन्हें डर लग रहा था, तो उन्होंने स्वीकार किया कि उन्हें बहुत डर लग रहा था, लेकिन किसी न किसी को तो नेतृत्व करना ही था। उन्हें पोप जॉन पॉल तृतीय के शब्द याद आए, जिनके वे बहुत बड़े प्रशंसक थे। पोप की सलाह थी, "डर को जीतना सीखो।" वालेसा ने पोप के शक्तिशाली शब्दों पर अमल किया।

कारावास और रिहाई

यह जोखिम लेने के साथ ही वालेसा ने इतिहास के पन्नों पर अपना नाम अंकित कर लिया। डंस्क शिपयार्ड में उनके साहसी कदम की वजह से वे पूरे संसार की निगाह में आ गए। लेकिन इससे यातनाओं का एक दौर भी शुरू हुआ, जिसने वालेसा के साहस का इम्तिहान लिया। 1981 में उन्हें गिरफ्तार किया गया और मार्शल लॉ के तहत उन्हें ग्यारह महीने तक देश के दूर-दराज वाले हिस्से में एक शिकार के लिए प्रयोग किए जाने वाले लॉज में नजरबंद कर दिया गया।

रिहा होने के बाद उनके अपार्टमेंट के सामने जमा 1,500 लोगों की भीड़ ने उनका अभिवादन किया। वालेसा की भावनात्मक और बहुप्रतीक्षित घर वापसी ने यह दिखा दिया कि वे काफी करिश्माई लीडर थे और साम्यवादी अधिकारी इस बात को पसंद करें या न करें, वे पोलैंड की प्रबल राजनीतिक शक्ति बन चुके थे।

उन्होंने उनसे वादा किया, "अपने भावी व्यवहार में मैं साहसी, लेकिन बुद्धिमान रहूँगा और इस मामले में किसी चीज से समझौता नहीं करूँगा। मैं घुटनों के बल नहीं, बल्कि विवेक के साथ बोलूँगा और काम करूँगा।"

अगले कुछ महीनों तक उन्हें और उनकी पत्नी दानुता दोनों को ही पुलिस ने सताया और पूछताछ के लिए थाने बुलाया - कई बार तो कई दिनों तक। लेकिन अब उन्हें उनका कोई डर नहीं रह गया था। सॉलिडेरिटी

के दूसरे नेताओं के साथ मिलने पर उन्हें कारावास के एक और दौर की धमकी दी गई।

लेकिन अंतत: पोलैंड की सरकार मामले को ख़त्म करना चाहती थी। रिहाई के बाद वालेसा ने पत्रकारों को बताया कि अधिकारियों ने उन्हें सॉलिडेरिटी के नेताओं से दोबारा न मिलने का आदेश दिया था, लेकिन वालेसा ने अवज्ञा के साथ कहा था, "मैं इसे दोबारा करूँगा। मैं एक और मीटिंग करूँगा।"

नोबेल शांति पुरस्कार

1983 में वालेसा को नोबेल शांति पुरस्कार से नवाजा गया। शक्तिशाली साम्यवादी सरकार की अवज्ञा करने वाले इस साहसिक व्यक्ति को पूरे संसार की प्रशंसा और सराहना मिली। रोनाल्ड रीगन ने इसे "पाशविक शक्ति पर नैतिक शक्ति की विजय" करार दिया। 1979 में जॉन पॉल द्वितीय पहली बार अपनी जन्मभूमि पोलैंड आए थे और उनकी इस घर वापसी ने सॉलिडेरिटी मुहिम शुरू करने में मदद की थी। उन्होंने वालेसा को बधाई का एक तार भेजा, जिसमें उन्होंने उनकी "विशेष मुखरता" की प्रशंसा की।

नॉर्वे की नोबेल शांति पुरस्कार समिति के पाँच सदस्यों ने आधिकारिक प्रशस्ति में वालेसा के संघर्ष की प्रशंसा में कहा, "मजदूरों के अपने खुद के संगठन बनाने के अधिकार" के लिए उनका संघर्ष प्रशंसनीय है। साथ ही इसमें यह भी कहा गया था, "मानव अधिकारों के लिए छेड़ा गया हर अभियान शांति के लिए छेड़ा गया अभियान है।"

> लोगों के साथ व्यवहार करते समय याद रखें कि आप तर्क वाले प्राणियों के साथ व्यवहार नहीं कर रहे हैं, बल्कि भावना वाले प्राणियों के साथ व्यवहार कर रहे हैं। - डेल कारनेगी

जब सोवियत संघ का संरक्षण हट गया, तो लेश वलेसा के साहस ने पोलैंड की साम्यवादी सरकार के पतन में काफी बड़ा योगदान दिया। 1990 में गिडांस्कि के साहसी इलेक्ट्रिशियन वालेसा को पोलैंड का राष्ट्रपति चुन लिया गया।

वलेसा की उपलब्धि हमें क्या सिखाती है

- हमारी पृष्ठभूमि चाहे जितनी छोटी हो, अगर हममें साहस और अपने लक्ष्यों का पीछा करने का समर्पण है, तो हमें कोई चीज नहीं रोक सकती। हो सकता है कि वलेसा की तरह "महानता हम पर थोप दी जाए।" हमारी चुनौती दमन से जूझना नहीं है, बल्कि सफलता हासिल करना है। हो सकता है कि हमारा अवसर अपना खुद का व्यवसाय शुरू करने में छिपा हो या किसी अपरिचित बिक्री इलाके को विकसित करने में छिपा हो। हो सकता है कि हमें परिणामों से डर लगता हो, लेकिन अगर हमें खुद पर भरोसा है, तो हम अंततः सभी बाधाओं से उबर जाएँगे और सफल होंगे।

बेहतर मार्ग को चुनें

मिलवॉकी की एक कंपनी ने छंटनी में बैरी और लियॉन को नौकरी से निकाल दिया। लियॉन ने इसे भारी निराशा और दुर्भाग्य की तरह देखा। उसके मन में निराशा के विचार भर गए, जो उसके चेहरे में साफ झलक रहे थे। उसे देखकर ऐसा लगता था, जैसे उसने अपने सबसे अच्छे मित्र और अपने आख़िरी डॉलर को खो दिया हो। उसके कंधे झुक गए थे, वह पैर घसीटकर चलता था और उसके कपड़े गंदे तथा सलवटें भरे थे। उसे पूरा विश्वास था कि वह दुर्भाग्यपूर्ण ग्रह-नक्षत्र में पैदा हुआ है, इसीलिए वफादारी, निष्ठा और मेहनत से कई साल काम करने के बावजूद उसे नौकरी से निकाल दिया गया था। अपने दुर्भाग्य से लड़ने और दोबारा कोशिश करने में उसे कोई फायदा नजर नहीं आ रहा था।

उसका तर्क था, जिस काम में वह अनुभवी था, अगर वह उसमें सफल नहीं हो पाया, तो किसी दूसरे काम में कैसे सफल हो सकता है। उसे विश्वास था कि वह असफल हो चुका है। यह विचार उसकी सोच पर हावी हो गया और वह यह विश्वास करने लगा कि असफलता उसकी तक़दीर थी। इस युवक को मनोबल कम करने वाला रोग हो गया था, जिसे निराशा कहा जाता है।

दूसरी तरफ, बैरी ने अपनी छंटनी को बिलकुल अलग दृष्टिकोण से देखा। वह हर सुबह यह नजरिया लेकर उठता था कि यह उसके लिए एक

नया अवसर है। वह उतनी ही सफाई से पोशाक पहनता रहा, मानो वह ऑफिस जा रहा हो। उसके चेहरे पर पराजय का कोई संकेत नहीं था। उसका नजरिया विजेता का था। उसकी आँखों में संकल्प का भाव लगभग अवज्ञा की सीमा तक था। वह इतना खुश और प्रसन्न दिखता था कि उसके मित्रों को लगा कि उसे अच्छी नौकरी मिल गई होगी।

बहरहाल, उसने उन्हें बताया कि वह अब भी नौकरी की तलाश कर रहा है, लेकिन उसे जरा भी शक नहीं है कि उसे नौकरी जल्दी ही मिल जाएगी और वह पुरानी नौकरी से बेहतर होगी। उसने डींग मारने के बजाय शांत विश्वास के साथ कहा कि जिस कंपनी ने उसे नौकरी से निकाला था, वह उसे दिखा देगा कि वह कितना मूल्यवान था; कि वह निरंतर क्लर्क नहीं बने रहना चाहता था; कि वह तरक्की की सीढ़ियों पर चढ़ते हुए शिखर तक पहुँचने का इरादा रखता था। वह अपना स्वतंत्र कारोबार शुरू करना चाहता था और वह चाहता था कि जिस फर्म में वह कभी कर्मचारी था, वह उसे तरक्की करते हुए देखे।

बैरी ने अपना स्वतंत्र व्यवसाय शुरू किया और उसकी कंपनी जल्दी ही उसकी पुरानी कंपनी से भी ज्यादा सफल हो गई। समय के साथ उसकी कंपनी और भी तरक्की करेगी और वह यह साबित कर देगा कि उसमें कितनी ज्यादा योग्यता, प्रेरणा, पहलशक्ति, मौलिकता और साधन-संपन्नता थी, जिसे उसकी पुरानी कंपनी नहीं पहचान पाई थी।

इन दो युवा कर्मचारियों का फर्क हमें विजय और पराजय के बीच का फर्क बताता है। विजेता गिरने के बाद पहले से भी ज्यादा संकल्प के साथ उठ जाता है और गंभीर विपत्ति के बाद ज्यादा बड़ा काम करता है। अस्थायी असफलता ऐसे व्यक्ति के लिए ज्यादा मायने नहीं रखती है; यह उसके जीवन में सिर्फ एक छोटी-सी घटना होती है।

रिचर्ड ब्रैन्सन - कारोबार में साहस

रिचर्ड ब्रैन्सन ने वर्जिन रिकॉर्ड्स की स्थापना करके संगीत उद्योग में क्रांति कर दी। फिर उन्होंने नई चुनौतियों की तलाश की। 1984 में उन्होंने अपनी कंपनी बेचकर एक बिलकुल नए उद्यम में कदम रखने का फैसला किया। उन्होंने वर्जिन अटलांटिक एयरवेज शुरू की। एयरलाइन ही क्यों?

संगीत व्यवसाय में ब्रैन्सन ने लगातार यात्राएँ की थीं और ज्यादातर एयरलाइनों की ख़राब सेवा से उनका मन खट्टा हो चुका था। ग्राहकों पर ध्यान केंद्रित करने वाली एयरलाइन बनाना एक ऐसी चुनौती थी, जिसने उन्हें आकर्षित किया। कई उद्यमियों की तरह उन्होंने भी नया कारोबार बनाने में ग्राहक के रूप में अपने व्यक्तिगत अनुभव का लाभ लिया। उनके साहस का पता हमें इस बात से चलता है कि जब उन्होंने यह कारोबार शुरू किया, तब वे एयरलाइन के बारे में कुछ भी नहीं जानते थे। लेकिन वे उद्यमी बनने के बारे में बहुत कुछ जानते थे।

जनता को आकर्षित करने के लिए उन्होंने अपनी कंपनी को छोटा रखा, जिसमें अफसरशाही या लालफीताशाही की अड़चनें न हों। उन्होंने न्यू यॉर्क सिटी के क़रीब नेवार्क हवाई अड्डे से लंदन के निकट गैटविक हवाई अड्डे के बीच सस्ती हवाई उड़ान शुरू की। जिस तरह उन्होंने डिस्काउंट देकर वर्जिन रिकॉर्ड्स को बुलंदी पर पहुँचाया था, उसी तरह उन्होंने विमान यात्रा में भी डिस्काउंट देकर युवा उपभोक्ताओं को आकर्षित कर लिया, जो पैसे बचाने के लिए उत्सुक थे।

उनकी रणनीति सरल थी : एक ऐसी एयरलाइन बनाओ, जिसमें लोग यात्रा करना चाहें। ऐसे प्रॉडक्ट्स या सेवाओं के विचार तो कई लोगों के मन में आते हैं, लेकिन सिर्फ सच्चे उद्यमी में ही अपने विचारों पर काम करने का साहस होता है। ब्रैन्सन ऐसे ही इंसान थे। कई लोगों की राय में वे धनाढ्य ब्रिटिश एयरवेज से प्रतिस्पर्धा में सफल नहीं हो सकते थे, लेकिन इससे ब्रैन्सन नहीं रुके और लगातार आगे बढ़ते रहे।

> आप दूसरे लोगों में रुचि लेकर दो महीनों में ही इतना कारोबार कर सकते हैं, जितना खुद में दूसरों की रुचि जगाने की कोशिश करके दो साल में भी नहीं कर सकते। -डेल कारनेगी

वर्जिन अटलांटिक ने मुनाफे में आने से पहले कई साल तक भारी घाटा झेला। बैंकरों और मित्रों ने सलाह दी कि उनका सारा पैसा खत्म होने से पहले उन्हें हार मान लेनी चाहिए, लेकिन ब्रैन्सन जुटे रहे। जब एक अखबार

रिपोर्टर ने पूछा कि कोई इंसान मल्टी-मिलियनेअर कैसे बन सकता है, तो ब्रैन्सन ने चुटकी लेते हुए कहा, "मल्टी-मिलियनेअर किसी एयरलाइन में निवेश करने वाला बिलियनेअर होता है।"

आज वर्जिन अटलांटिक दुनिया भर के कई शहरों में उड़ान भरती है और बहुत लाभदायक है। अब यह दूसरी सबसे बड़ी ब्रिटिश अंतरराष्ट्रीय एयरलाइन है। बोइंग 747 और एयरबस ए 340 विमानों का इसका बेड़ा न्यू यॉर्क, मयामी, बोस्टन, लॉस एंजेलिस, ऑरलैन्डो, सैन फ्रांसिस्को, हांगकांग, एथेन्स और टोकियो शहरों तक उड़ान भरता है।

ब्रैन्सन का साहस उनके निजी जीवन में भी दिखाई देता है। नाव और ऐयर बलून दौड़ में उनके कीर्तिमान इस साहस की गवाही देते हैं।

ब्रैन्सन की कहानी हमें क्या सिखा सकती है

- सफल बनने के लिए किसी नए प्रॉडक्ट या सेवा का आविष्कार करना जरूरी नहीं है। ब्रैन्सन ने बाजार का अध्ययन किया और पहले से परिपक्व कारोबारों में कदम रखा। उन्हें विश्वास था कि वे बेहतर, ज्यादा कार्यकुशल या ज्यादा सस्ती सेवा दे सकते हैं।
- सफलता में जोखिम शामिल होता है। ब्रैन्सन ने अपने सभी कामों में जोखिम लिया, सबसे बढ़कर ब्रिटिश एयरवेज से प्रतिस्पर्धा करने में। ब्रैन्सन ने एक खाली जगह खोज ली, जिसे ब्रिटिश एयरवेज ने नजरअंदाज कर दिया था। वर्जिन अटलांटिक ने सस्ते भाव और बेहतर सेवा देकर इस खाली जगह को भर दिया।
- अगर हम किसी नए कारोबार में जाने के बारे में सोच रहे हैं या इस समय अपना खुद का कारोबार कर रहे हैं, तो हमें ब्रैन्सन के अनुभव को दिमाग में रखना चाहिए। अगर हमें अपने प्रॉडक्ट या सेवा पर भरोसा है, तो हममें प्रतिस्पर्धी बाजार में दाखिल होने का साहस होना चाहिए। ब्रैन्सन ने जुआ नहीं खेला। उन्होंने अच्छी तरह मूल्यांकन करके समझदारी भरा जोखिम उठाया। वे संभावनाओं के समीकरण को अच्छी तरह जानते थे, इसलिए उन्होंने सिर्फ वही जोखिम लिया, जिसमें सफलता की संभावना उनके पक्ष में थी।

इसका इस्तेमाल करें या इसे गँवा दें

ज्यादातर कर्मचारी कभी ऊँचाइयों पर नहीं पहुँच पाते हैं। इसका एक कारण यह है कि वे ऊपर चढ़ने की कोशिश छोड़ देते हैं। उन्होंने कभी अपनी महत्त्वाकांक्षा को सही ढंग से विकसित नहीं किया है। उन्होंने इसे कभी वह ईंधन नहीं दिया, जिसकी वजह से यह जलती रहे, ज्यादा तेजी से जले और ज्यादा बड़ी बने। युवावस्था में महत्त्वाकांक्षा का क्षय या कमी इंसान की क्षीणता का संकेत है। महत्त्वाकांक्षा कम होने के साथ संकल्प और साहस भी कम हो जाते हैं।

दूसरी ओर, जो युवा अपनी महत्त्वाकांक्षा की अग्नि को प्रज्ज्वलित रखते हैं और अपने लक्ष्य की रक्षा करते हैं, वे हमेशा अच्छा प्रदर्शन करेंगे। जो लोग इसे थोड़े ही समय में बुझ जाने देते हैं, वे कभी कुछ नहीं बन पाते। कई युवाओं को पहलेपहल यह लगता था कि वे किसी कॉरपोरेशन के मुखिया बन जाएँगे, लेकिन उन्होंने अपनी महत्त्वाकांक्षा को बढ़ाने के लिए कुछ नहीं किया। नतीजा यह हुआ कि आज वे शून्य हैं और उन्होंने अपने या संसार के प्रति बहुत कम योगदान दिया है।

चाहे हमारे गुण कितने ही स्पष्ट और अच्छे हों, जब तक हम उनका लगातार इस्तेमाल नहीं करते हैं, वे कमजोर हो जाएँगे। प्रकृति का नियम है "इस्तेमाल करो या गँवा दो।" यह नियम हर जगह सक्रिय है। इससे दूर जाना या इसे नजरअंदाज करना संभव नहीं है। चाहे महत्त्वाकांक्षा हो, गुण हो या जमीन में बोया गया बीज हो, नियम अटल है। जिसका इस्तेमाल नहीं किया जाता है, जिसकी परवाह नहीं की जाती है या जिसे विकसित नहीं किया जाता है, वह कमजोर हो जाएगा।

सफलता के बारे में सोचें

अपने मन को सफलता पर केंद्रित करें। हमारी हर चीज को सफलता का संकेत देना चाहिए। हमारे अंदाज, पोशाक, हुलिये और बातचीत से सफलता झलकनी चाहिए। हमारे हर काम को उपलब्धि और सफलता की भाषा में बोलना चाहिए।

हर सुबह मन में सफलता और उपलब्धि के विचारों से शुरुआत करना बहुत लाभदायक काम है। समृद्धि और सामंजस्य के विचारों से मन को

लबालब भर लें। इसके लिए हम फॉर्मूले दोहरा सकते हैं, जैसा कुछ लोग सुझाव देते हैं। या फिर हम अपने मन को उस चीज पर केंद्रित कर सकते हैं, जिसे हासिल करने के लिए हम कटिबद्ध हैं। अगर हम ऐसा करते हैं, तो उस दिन हमें नकारात्मक अनुभव कम होंगे। अगर हमें कोई खास काम करने की अपनी योग्यता के बारे में शक है, तो हमें खुद को यह सोचने के लिए प्रशिक्षित करना चाहिए कि हममें दृढ़ता और लगन से आगे बढ़ने का साहस है। यह आत्म-विश्वास हमारी सत्यनिष्ठा की मान्यता है। यह हमारे साहस का परिचायक है। यह हमें शक्तिशाली बनने में सक्षम बनाता है। इसकी बदौलत हम जो भी काम हाथ में लेते हैं, उसे पूरे जोश से पूरा करने में सक्षम बन जाते हैं।

इन लक्ष्यों को निरंतर कायम रखने से हमारा जीवन संबंधी पूरा नजरिया बदल जाएगा। समस्याओं के प्रति हमारा एक नया दृष्टिकोण होगा और जीवन में एक नया अर्थ होगा। निरंतर दृढ़ कथन हमें अपने परिवेश के सामंजस्य में ला देगा; यह हमें संतुष्ट और खुश बना देगा। यह हमारी इच्छाशक्ति को भी बढ़ा देगा। यह हमारे मस्तिष्क को ज्यादा स्पष्ट और हमारे विचारों को ज्यादा प्रभावी बना देगा। मानसिक मशीन साफ रखने से सोच मजबूत और कर्म निर्णायक बनते हैं।

साहस को मजबूत करें और डर को हरा दें

यदि हमारा कोई गुण कमजोर है, तो हम लगातार दृढ़ कथन बोलकर इसे मजबूत कर सकते हैं। यदि हमारे स्वभाव में कहीं पर भी साहस का अभाव है (और ज्यादातर लोगों में होता है), तो हम लगातार यह दृढ़ कथन कहकर अपना साहस बढ़ा सकते हैं कि हम निडर हैं, साहसी हैं और कोई चीज हमें नुकसान नहीं पहुंचा सकती। डर बस ख़तरे का आभास है और जब हमें खुद पर पूरा विश्वास होता है, तो डर की कोई वजह ही नहीं रह जाती है।

जब भी हमें अपने भीतर डर का अहसास उठता महसूस हो, खुद से कहें, "मैं पूरी तरह निडर हूँ; डरने की कोई बात नहीं है; डर वास्तविक नहीं है; यह जीवन का सत्य नहीं है। यह सिर्फ साहस का अभाव है, जो दैवी कारण के अज्ञान से उत्पन्न होता है।" इमर्सन इस दर्शन के लाभ जानते थे, इसीलिए उन्होंने कहा था, "निरंतर दृढ़ कथन कहकर खुद को साहसी बनाएँ। बुरे के ख़िलाफ न बोलें। इसके बजाय अच्छे के सौंदर्य का बखान करें।"

यह संकल्प लें कि हम अपने मन में ऐसी कोई चीज नहीं रखेंगे, जिसे हम अपने जीवन में न चाहते हों। जो विषैले विचार हमें उदास या दुखी करते हैं, उन्हें अपने मन से उसी तरह हटा दें, जिस तरह हम किसी तरह के शारीरिक खतरे से बचते हैं। हमें किसी प्रिय या सुखद विषय पर ध्यान केंद्रित करने या सोचने की आदत डाल लेनी चाहिए। हमें किसी ऐसे शब्द या विचार पर मनन करने की आदत डालनी चाहिए, जिससे आनंद, प्रसन्नता और सद्भाव की भावना जाग्रत हो। हम यह देखकर हैरान रह जाएँगे कि हम कितनी तेजी से अपने विचारों की पूरी दिशा बदल सकते हैं। जब हमारे विचार बदल जाते हैं, तो हमारी भावनाएँ भी अपने आप बदल जाएँगी। हम अपना साहस और आत्म-विश्वास बढ़ा लेंगे। तब हम आधा युद्ध जीत लेंगे।

आत्म-चर्चा

जैसा इस पुस्तक के पहले अध्याय में बताया गया है, जब डर या हताशा के विचार मन में दाखिल होने लगें, तो हम खुद को एक प्रेरक चर्चा देकर अपने संकल्प को शक्तिशाली बना सकते हैं। आत्म-चर्चा एक ऐसा तर्क है, जो शक्तिशाली प्रमाण की वजह से जाँच में खरा उतरता है। प्रमाण जितना ज्यादा शक्तिशाली और मोहक होता है, संदेश भी उतना ही विश्वसनीय और शक्तिशाली होता है। यह आंतरिक चर्चा हम सभी को समय-समय पर करनी चाहिए। यह उस एकमात्र चीज को नियंत्रित करने का साधन है, जिस पर हमारा हर समय पूरा नियंत्रण होना चाहिए - हमारी सोच।

निर्णय लें और काम शुरू कर दें

निर्णय लेते समय ढुलमुल या दुविधा में रहना एक मुख्य कारण है, जिसकी वजह से हमें जीवन में निराशाजनक परिणाम मिलते हैं, जिसकी वजह से पूर्ण या आंशिक असफलता मिलती है।

कई उद्यमियों ने भारी जोखिम का त्वरित निर्णय लेकर दौलत बनाई है। दूसरी ओर, ढुलमुल रहने से बहुत से लोग असफल हुए हैं। संकल्पवान लोग जानते हैं कि वे क्या करना चाहते हैं और वे इसे करने में जुट जाते हैं; ढुलमुल लोग चाहे कितने भी शक्तिशाली हों, जीवन की दौड़ में पीछे रह जाते हैं।

यदि हम अनिश्चय में रहते हैं, यदि हममें झिझकने की आदत है या लंबे समय तक पुनर्विचार करने की आदत है, यदि हमें स्पष्टता से यह कभी पता नहीं होता कि हम क्या चाहते हैं, तो हम कभी लीडर नहीं बन पाएँगे। यह वह घटक नहीं है, जिससे लीडर बनते हैं, क्योंकि लीडर में भले ही किसी दूसरी चीज की कमी हो, लेकिन वे हमेशा अपने सपने को जानते हैं। वे जानते हैं कि वे क्या चाहते हैं और वे सीधे इसकी ओर बढ़ जाते हैं। उनसे गलतियाँ हो सकती हैं; वे कभी-कभार गिर सकते हैं, लेकिन वे हमेशा तुरंत ही उठ जाते हैं और आगे बढ़ जाते हैं।

जो लोग तुरंत निर्णय लेते हैं, वे गलतियों को बर्दाश्त कर सकते हैं, क्योंकि चाहे वे कितनी भी गलतियाँ करें, वे उन लोगों से ज्यादा तेजी से आगे बढ़ेंगे, जो भीरु हैं, अनिश्चय में हैं और गलत दिशा में जाने से इतना डरते हैं कि वे कभी कोई काम शुरू करने का जोखिम ही नहीं लेते हैं। जो लोग हर चीज के निश्चित होने का इंतजार करते हैं, जो लोग नदी के एक किनारे पर खड़े होकर इस बात का इंतजार करते हैं कि कोई उन्हें अंदर धकाएगा, वे कभी दूसरे किनारे पर नहीं पहुँच पाते।

बहुत सारे लोग निर्णय लेने में बहुत घबराते हैं। वे जिम्मेदारी लेने का साहस नहीं करते हैं, क्योंकि उन्हें यह पता नहीं होता कि इसका परिणाम क्या होगा। वे इस बात से घबराते हैं कि अगर आज वे किसी एक चीज पर निर्णय ले लें, तो कल कोई दूसरी बेहतर चीज आ सकती है, जिसकी वजह से उन्हें अपने निर्णय पर अफसोस हो सकता है। ये आदतन अनिश्चय वाले लोग अपने आत्म-विश्वास को गँवा देते हैं और उनमें किसी महत्त्वपूर्ण चीज पर निर्णय लेने के मामले में खुद पर भरोसा नहीं होता है। अनिर्णय की घातक आदत की वजह से कई लोग अच्छे-खासे मस्तिष्क को बर्बाद कर लेते हैं।

"मैं करूँगा" जितने महत्त्वपूर्ण शब्द दूसरे नहीं हैं। इनमें शक्ति, गहराई और ठोसपन, निर्णय, विश्वास, संकल्प, साहस, जोश और निजता झलकती है, जो इनकी निश्चय भरी ध्वनि में व्यक्त होती है। ये बताते हैं कि हम मुश्किलों पर विजय पाएँगे, निराशा को जीतेंगे, हममें प्रदर्शन करने और वादा करने की शक्ति है, हममें ऊँचे और साहसी उद्यम शुरू करने की शक्ति है, हममें बंधनहीन आकांक्षाओं की शक्ति है और कुल मिलाकर हममें सफल

होने का प्रबल आत्म-विश्वास है, जिसकी बदौलत हम प्रगति की राह में आने वाली सारी बाधाओं पर विजय पा लेंगे।

सार

जब हमारे जीवन में आत्म-विश्वास और अपने लक्ष्य पर विश्वास प्रबल हो जाता है, तो कोई चीज हमें नहीं रोक सकती, कोई शक्ति हमें सफलता से दूर नहीं रख सकती। हममें दूसरी कमजोरियाँ, दोष या कमियाँ हो सकती हैं, लेकिन हमें अपनी योग्यताओं में विश्वास होना चाहिए कि हम जो काम हाथ में लेते हैं, हम उसे सफलतापूर्वक पूरा कर लेंगे।

चाहे हमारी योग्यताएँ कितनी ही स्पष्ट या अच्छी हों, जब तक हम उनका लगातार इस्तेमाल नहीं करते हैं, वे कमजोर हो जाएँगी। प्रकृति का नियम है "इस्तेमाल करो या गँवा दो।" यह नियम हर जगह सक्रिय है। इससे दूर जाना या इसे नजरअंदाज करना संभव नहीं है।

यदि हम दृढ़ कथन की शक्ति को पहचान लें, इसे मन में लगातार कायम रखें और इसे दोहराते रहें कि हम वह बन चुके हैं, जो हम बनना चाहते हैं और हम वह कर सकते हैं, जो हम करना चाहते हैं, तो इससे हमारे समूचे जीवन का कायाकल्प हो जाएगा। यह हमें ज्यादातर बीमारियों और मुश्किलों से बचा लेगा और उन ऊँचाइयों पर पहुंचा देगा, जिनके बारे में हमने सपने में भी नहीं सोचा था।

4

अध्याय

अच्छी बातचीत की कला!

रोचक बातचीत करने की योग्यता किसी इंसान की सबसे मूल्यवान व्यक्तिगत संपत्ति में से एक है। यह कारोबारी और सामाजिक सफलता में बहुत सहायक होती है। इससे दूसरे लोगों को आपके साथ रहने में मजा भी आता है।

जब लोगों के डरों के बारे में सर्वेक्षण किए जाते हैं, तो व्याख्यान देना सूची में हमेशा सबसे ऊपर आता है। मौत, बीमारी या नौकरी छूटने जैसे दूसरे डरों के विपरीत सार्वजनिक संभाषण के डर से उबरना तुलनात्मक रूप से आसान होता है। - डेल कारनेगी

अच्छी बातचीत करने की कला हमें दूसरों पर, खास तौर पर अपरिचित लोगों पर, जितनी अच्छी छाप छोड़नी में सक्षम बनाती है, उतना कोई दूसरी चीज नहीं बनाती।

बातचीत की श्रेष्ठ कला से आप संवादकुशल बनते हैं, लोगों की रुचि जगाते हैं, उनका ध्यान केंद्रित रखते हैं और उन्हें अपनी ओर नैसर्गिक रूप से आकर्षित करते हैं। यह क्षमता होना दरअसल बहुत बड़ी उपलब्धि है। इससे न सिर्फ अजनबियों पर अच्छी छाप छूटती है, बल्कि दोस्त भी बनते हैं और कायम रहते हैं। इससे बंद दरवाजे खुल जाते हैं और सामने वालों के दिल पसीज जाते हैं। इससे हम सभी तरह के लोगों के लिए रोचक बन जाते हैं। इससे हमें संसार में आगे बढ़ने में मदद मिलती है। इससे ग्राहक हमारे पास ज्यादा तादाद में आते हैं। इसकी बदौलत हम लोगों को राजी सकते हैं कि वे हमारे विचार स्वीकार करें, हमारे नेतृत्व का अनुसरण करें और हमारे प्रॉडक्ट ख रीदें।

जो लोग अच्छी तरह बात कर सकते हैं, जिनमें चीजों को आकर्षक अंदाज में रखने की कला होती है, जो अपने भाषा कौशल से दूसरों में तुरंत रुचि जगा सकते हैं, वे बहुत फायदेमंद स्थिति में होते हैं। यह लाभ उनके पास नहीं होता, जिनके पास विषय का ज्ञान तो शायद ज्यादा होता है, लेकिन वे आसानी या वाकपटुता से अपने विचार व्यक्त नहीं कर सकते।

शब्दों में बहुत शक्ति होती है। लेकिन अगर हम बिना सोचे-विचारे बोलते हैं या स्पष्टता और सारगर्भित अंदाज में अपनी बात रखने की कोशिश नहीं करते हैं, तो इससे हमारी नकारात्मक छवि बनेगी। सिर्फ चटर-पटर बोलना या आलोचना करना प्रभावी नहीं होता। प्रभावी बातचीत के लिहाज से ये बहुत सतही चीजें हैं। कोई भी चीज हमारी संस्कृति की उत्कृष्टता या घटियापन, हमारी परवरिश या इसके अभाव को इतनी जल्दी नहीं बता सकती, जितना कि हमारी बातचीत बता देती है। यह हमारे पूरे जीवन की कहानी बयान कर देती है। हम क्या कहते हैं और उसे कैसे कहते हैं, इससे हमारे सारे रहस्य उजागर हो जाते हैं, संसार के सामने हमारी सच्चाई प्रकट हो जाती है।

संवादकुशल कैसे बना जाता है?

बुद्धि, मानसिक शक्ति या किसी क्षेत्र में विशेषज्ञता से मदद मिल सकती है, लेकिन इनमें से कोई भी वह सबसे अहम कारण नहीं है, जिससे संवादकुशल व्यक्ति दूसरों के ध्यान को आकर्षित करता है और उसे कायम

रखता है।

हमें ऐसी बातचीत करनी चाहिए कि सामने वाला हमारी परानुभूति को महसूस कर ले और यह भी जान ले कि वह किसी सच्चे इंसान से मिला है। "आप कैसे हैं?" या "आपसे मिलकर खुशी हुई?" आदि घिसे-पिटे अंदाज में न कहें, जिससे कोई दिली भावना न झलकती हो। मिलनसार रहें और अलग-अलग स्वभावों के अनुरूप ढलें। जिन लोगों से मिलें, उनसे नजरें मिलाएँ और उन्हें अपने व्यक्तित्व का अहसास कराएँ। उनकी तरफ देखकर मुस्कराएँ और अच्छे शब्द बोलें, ताकि वे हमसे दोबारा मिलकर खुश हों।

दोस्ताना बनें : यदि हम ऐसा संवादकुशल बनना चाहते हैं, जिसका हर जगह स्वागत हो, तो हमें दोस्ताना अंदाज में व्यवहार करना चाहिए। हमें अपने हृदय के पट बड़े पैमाने पर खोल देना चाहिए। हमें कई लोगों की तरह अपने हृदय के पट जरा से खुले नहीं रखने चाहिए, जो मिलने वाले लोगों से एक तरह से यह कहते हैं, "आप थोड़ा अंदर झाँक सकते हैं, लेकिन आप तब तक अंदर नहीं आ सकते. जब तक मैं यह तसल्ली नहीं कर लेता कि आप अच्छे इंसान हैं या नहीं।" बहुत सारे लोग दोस्ताना अंदाज के मामले में कंजूस होते हैं। वे इसे खास अवसरों या अंतरंग मित्रों के लिए सुरक्षित रखते हैं। वे सोचते हैं कि यह इतना ज्यादा कीमती है कि हर एक को नहीं देना चाहिए।

> जो वक्ता जीवन की अपनी सीखी बातों पर बात करते हैं। वे अपने श्रोताओं का ध्यान खींचने में कभी असफल नहीं होते। -डेल कारनेगी

अपना हृदय खोलने से न घबराएँ। इसका द्वार चौड़ा खोल दें। सारा संकोच छोड़ दें। किसी व्यक्ति से इस तरह न मिलें, मानो हमें गलती करने का डर हो और इस तरह व्यवहार करें, जिसे याद करने में हमें खुशी हो।

यह गर्मजोशी भरा, खुशी-खुशी हाथ मिलाना तथा दिली अभिवादन मिलने वालों से सद्भाव का बंधन जोड़ देगा। वे मन ही मन सोचेंगे, "अरे वाह, यह तो वाकई रोचक व्यक्तित्व है। मैं इसके बारे में ज्यादा जानना चाहता हूँ। स्पष्ट रूप से इसे मुझमें कुछ ऐसा दिखता है, जो ज्यादातर लोग नहीं देख पाते हैं।"

मित्रतापूर्ण व्यवहार, गर्मजोशी भरे अंदाज तथा संजीदा अभिवादन के साथ खुले दिल से लोगों से मिलने की आदत डालें; इससे हमारे जीवन में चमत्कार हो जाएगा। हम यह पाएँगे कि कठोरता, संकोच और उदासीनता, हर एक में रुचि का भावहीन अभाव, जो इस समय हमें बहुत परेशान करता है, वह गायब हो जाएगा। लोग देखेंगे कि हम उनमें सच्ची रुचि लेते हैं, कि हम सचमुच उनके बारे में जानना चाहते हैं, उन्हें खुश करना चाहते हैं और उनकी रुचि जगाना चाहते हैं। मित्रता की आदत हमारी सामाजिक शक्ति में क्रांति कर देगी। हममें ऐसे आकर्षक गुण विकसित हो जाएँगे, जो हमने पहले कभी सपने में भी नहीं सोचे थे कि हमारे पास होंगे।

हम क्या कहते हैं, यही महत्त्वपूर्ण नहीं है; यह भी महत्त्वपूर्ण है कि हम इसे कैसे कहते हैं

यह ध्यान रखें कि हम सिर्फ बोले गए शब्दों के जरिये ही अपने संदेश को व्यक्त नहीं करते हैं, बल्कि अपने आवाज के लहजे, चेहरे के भाव, मुद्राओं और चाल-ढाल से भी करते हैं।

जब चार्ल्स डब्ल्यू. ईलियट हारवर्ड के प्रेसिडेंट थे, तो उन्होंने कहा था, "मैं एक मानसिक गुण किसी भी सुसंस्कृत महिला या पुरुष की शिक्षा का अनिवार्य हिस्सा मानता हूँ। यह गुण है मातृभाषा का सटीक और परिष्कृत इस्तेमाल।"

अच्छी बातचीत जैसी कोई अन्य उपलब्धि नहीं है, जिसका हम लगातार और प्रभावी इस्तेमाल कर सकें, जो दोस्त बनाने और बनाए रखने में हमारी मदद करे। इसमें कोई शक नहीं है कि हममें से ज्यादातर लोग भाषा में जितने निपुण होने का लक्ष्य बनाते हैं, हमें उससे ज्यादा बड़ा लक्ष्य बनाना चाहिए।

बातचीत की योग्यताएँ विकसित करें : हममें से ज्यादातर लोग अपनी बातचीत में अनाड़ी होते हैं, क्योंकि हम इसे कला नहीं बनाते हैं; हम अच्छी तरह बातचीत करना सीखने की मुश्किल या कष्ट नहीं उठाते हैं। हम पर्याप्त पढ़ते या सोचते नहीं हैं। हममें से ज्यादातर लोग खुद को लापरवाह भाषा में व्यक्त करते हैं, क्योंकि ऐसा करना ज्यादा आसान होता है, बजाय इसके कि हम बोलने से पहले सोचें तथा सुंदरता, आसानी और शक्ति के साथ अभिव्यक्ति की कोशिश करें।

बातचीत में कमजोर लोग बेहतर न बनने के लिए यह बहाना बनाते हैं, "वाकपटु लोग बनते नहीं हैं, पैदा होते हैं।" हम इसी तर्ज पर यह बहाना भी बना सकते हैं कि अच्छे वकील, अच्छे डॉक्टर या अच्छे व्यापारी बनते नहीं हैं, पैदा होते हैं। कड़ी मेहनत के बिना इनमें से कोई भी बहुत ज्यादा दूर तक नहीं जा पाएगा। यह तमाम महत्त्वपूर्ण उपलब्धि की कीमत है।

कई लोग अपनी तरक्की का काफी श्रेय अच्छी वाकपटुता को देते हैं। बातचीत में लोगों की रुचि जगाने और उन्हें बाँधे रखने की योग्यता बहुत बड़ी शक्ति है। जिन जानकार लोगों की अभिव्यक्ति लापरवाही भरी होती है और वे अपनी जानकारी को कभी तार्किक, रोचक या प्रभावशाली भाषा में नहीं रख पाते, वे हमेशा भारी घाटे में रहते हैं।

बातचीत की कला में माहिर लोगों की बातें सुनना बहुत आनंददायक होता है। उनकी भाषा झरने जैसी सुंदरता से बहती है, उनके शब्द इतनी नाजुक नफासत, सुरुचि और सटीकता से चुने जाते हैं, उनके शब्द-चयन में इतना परिष्कार होता है कि वे हर श्रोता का मन मोह लेते हैं।

हम यह सोच सकते हैं कि हम गरीब हैं, इसलिए हमारे लिए जीवन में कोई अवसर नहीं है। हमारी स्थिति ऐसी हो सकती है कि दूसरे हम पर आश्रित हों, इसलिए हम स्कूल या कॉलेज नहीं जा सकते हों या संगीत या कला का अध्ययन नहीं कर सकते हों, जैसा हम चाहते हैं। हम किसी निराशाजनक परिवेश में अटके हो सकते हैं या किसी असंतुष्ट, निराश महत्त्वाकांक्षा की यातना झेल सकते हैं। इनमें से कोई चीज हमें रोचक बातचीत करने वाला बनने से नहीं रोक सकती, क्योंकि हम अपने बोले हर वाक्य में सर्वश्रेष्ठ अभिव्यक्ति का अभ्यास कर सकते हैं। अच्छी भाषा का इस्तेमाल करने वाली पुस्तकें पढ़ने और ऐसे लोगों से बातचीत करने से हमें मदद मिल सकती है।

बहुत कम लोग इस बारे में बहुत ज्यादा सोचते हैं कि वे अपनी बात कैसे कहेंगे। वे अपने मन में आने वाले पहले शब्द बोल देते हैं। वे ऐसा वाक्य बनाने के बारे में नहीं सोचते हैं, जिसमें सौंदर्य, संक्षिप्तता, पारदर्शिता और शक्ति हो। शब्द उनके होंठों से अनाप-शनाप प्रवाहित होते हैं, जिनमें बहुत कम विचार या व्यवस्था या क्रम होता है।

बहरहाल, अच्छी सामग्री पढ़ने से न सिर्फ दिमाग व्यापक होता है और नए विचार आते हैं, बल्कि इससे हमारा शब्द भंडार भी बढ़ता है और इससे हमें बातचीत में बहुत मदद मिलती है। कई लोगों के पास अच्छे विचार तो होते हैं, लेकिन अपने शब्द भंडार की कमी के कारण वे अपनी बात सही से रख नहीं पाते हैं। उनके पास अपने विचारों को पोशाक पहनाने और आकर्षक बनाने के लिए पर्याप्त शब्द नहीं होते हैं। वे गोल-गोल घूमते रहते हैं, बार-बार दोहराते हैं, क्योंकि जब उन्हें अपना सटीक अर्थ बताने के लिए कोई खास शब्द चाहिए होता है, तो वह उन्हें नहीं मिल पाता।

यदि हमारे मन में अच्छी बातचीत करने की महत्त्वाकांक्षा है, तो हमें शिक्षित, सुसंस्कृत लोगों के साथ रहना चाहिए। यदि हम खुद को अलग-थलग रखते हैं, तो भले ही हम कॉलेज स्नातक हों, लेकिन हम बातचीत में निपुण नहीं हो पाएँगे।

हम सभी को उन लोगों से सहानुभूति होती है, खास तौर पर संकोची और शर्मीले लोगों से, जिनमें दमन की भयंकर भावना होती है और वे विचार का गला घोंट देते हैं, जब वे कुछ कहने की कोशिश करते हैं, लेकिन नहीं कह पाते। संकोची युवा लोग अक्सर स्कूल या कॉलेज में अपने विचार व्यक्त करने की कोशिश में ऐसी भारी पीड़ा का अनुभव करते हैं। लेकिन बड़े वक्ता भी इसी तरह के अनुभव से गुजरे हैं, जब उन्होंने पहली बार लोगों के सामने बोलने की कोशिश की और अक्सर गलतियों व असफलताओं की वजह से उन्हें गहरे अपमान का सामना करना पड़ा। बहरहाल, कुशलता और सुंदरता के साथ अपनी बात रखने की लगातार कोशिश करना संवाद में माहिर बनने का एकमात्र तरीका है; दूसरा कोई तरीका नहीं है।

यदि हम पाते हैं कि विचार व्यक्त करने की कोशिश करते समय वे हमसे दूर उड़ जाते हैं। यदि हम शब्द खोजने की कोशिश में अटकते और भटकते हैं, तो हमें यह विश्वास रखना चाहिए कि अगर हम ईमानदारी से कोशिश करते हैं, भले ही यह कोशिश नाकाम हो जाए, तो अगली बार अच्छा बोलना हमारे लिए ज्यादा आसान हो जाएगा। अगर हम कोशिश करते रहें, तो हम बहुत जल्दी अपने अटपटेपन और संकोच को परास्त कर देंगे तथा आरामदेह व कुशल अभिव्यक्ति की कला में पारंगत हो जाएंगे।

संवाद में माहिर सभी लोगों ने श्रोता से खुद तक आने वाली ऐसी शक्ति महसूस की है, जो उन्होंने पहले कभी महसूस नहीं की थी और जो अक्सर नए प्रयास के लिए उदीप्त व प्रेरित करती है। विचार से विचार के मिलन, मस्तिष्क से मस्तिष्क के संपर्क से नई शक्तियाँ उत्पन्न होती हैं, जैसे दो रसायनों के मिलने से अक्सर एक नया तीसरा तत्व उत्पन्न होता है।

दूसरों में रुचि लें : हममें से कई लोग बोलने में ही नहीं, बल्कि सुनने में भी कमजोर होते हैं। हम इतने आतुर रहते हैं कि सामने वाले की बात सुनते ही नहीं हैं। हम ध्यान केंद्रित करने और कहानी या जानकारी सोखने के लिए उत्सुक नहीं रहते हैं। इस कारण हम शांत नहीं रहते हैं, जो वक्ता के प्रति एक तरह का असम्मान है। हम बेचौनी से इधर-उधर देखते हैं, शायद किसी कुर्सी या टेबल पर अंगुलियों से छेड़छाड़ करते हैं, चेहरे पर ऊब का भाव रखते हैं मानो हम वहाँ से जाने को बेताब हों और वक्ताओं की बात पूरी होने से पहले ही उनकी बात काट देते हैं या उन्हें टोक देते हैं। वास्तव में हम लोग इतने अधीर हो चुके हैं कि हमारे पास पद या पैसे की लालसा में धक्का-मुक्की करने के अलावा किसी दूसरी चीज के लिए समय ही नहीं रहता है।

चिड़चिड़ी अधीरता हममें से कई लोगों का मुख्य गुण होता है। जिस चीज से हमें ज्यादा कारोबार या पैसे न मिलते हों या जिससे हमें मनचाहा पद हासिल करने में मदद न मिलती हो, उससे हम जल्दी ही ऊब जाते हैं।

अपने मित्रों के साथ रहने का आनंद लेने के बजाय हममें उन्हें सीढ़ी के पायदान की तरह देखने की प्रवृत्ति होती है। हम उनका मूल्य इस आधार पर लगाते हैं कि उन्होंने कितने मरीज या ग्राहक हमारे पास भेजे या उनमें हमें किसी राजनीतिक पद तक ऊपर उठाने की कितनी सामर्थ्य है।

परानुभूति की कमी हमारी बातचीत में गिरावट का एक कारण है। हम बहुत ज्यादा स्वार्थी होते हैं, हम खुद के भले के बारे में सोचने में व्यस्त रहते हैं, अपने खुद के छोटे-से संसार में लिपटे रहते हैं और अपनी खुद की तरक्की में इतने ज्यादा जुटे रहते हैं कि दूसरों में रुचि ही नहीं लेते हैं। जो भी व्यक्ति परानुभूतिपूर्ण नहीं है, वह अच्छी बातचीत नहीं कर सकता। हमें किसी दूसरे के जीवन में दाखिल होने, दूसरे व्यक्ति के साथ इसे जीने

में सक्षम बनना चाहिए, तभी हम अच्छे श्रोता या अच्छे वक्ता बन सकते हैं।

यदि हम खुद को रुचिकर बनाना चाहते हैं, तो हमें सामने वाले के जीवन में दाखिल होने में सक्षम होना चाहिए। हमें उनकी रुचि के अनुसार उनके दिल को स्पर्श करना चाहिए। चाहे हम किसी विषय के बारे में कितना ही ज्यादा क्यों न जानते हों, यदि उसमें सामने वाले की कोई दिलचस्पी नहीं है, हमारी कोशिशें काफी हद तक नाकाम रहेंगी।

कई बार यह देखना दुःखद होता है कि औसत रिसेप्शन या क्लब समारोह में लोग खड़े रहते हैं, दिल से बातचीत करना नहीं जानते हैं, लगभग असहाय और अशक्त दिखते हैं। इसका कारण बस इतना है कि वे खुद में बहुत ज्यादा डूबे हुए हैं। वे दूसरों के जीवन में दिल से दाखिल नहीं होते हैं या खुद को अवसर में पूरी तरह से नहीं डुबाते हैं, इसलिए वे अच्छे वक्ता नहीं बन पाते।

वे भावहीन, संकोची और सुदूर होते हैं, क्योंकि उनका दिमाग कहीं और होता है, उन्हें तो सिर्फ खुद और अपने स्वार्थ से प्रेम होता है। उनकी रुचि केवल दो ही चीजों में होती है; कारोबार और उनका खुद का छोटा-सा संसार। यदि हम इन चीजों के बारे में बात करते हैं, तो उनकी रुचि तुरंत जाग जाती है, लेकिन वे हमारी या हमारे मामलों की परवाह नहीं करते हैं। उन्हें इस बात से कोई मतलब नहीं रहता कि हमारे हालचाल कैसे हैं या हमारी महत्त्वाकांक्षा क्या हैं या वे हमारी कैसे मदद कर सकते हैं। ऐसी बेचौन, स्वार्थपूर्ण और सहानुभूतिरहित अवस्था में उनकी बातचीत कभी उच्च स्तर तक नहीं पहुंच पाएगी।

> जब हमारी उम्र बढ़ती है, तो हममें से ज्यादातर जवानी की स्वाभाविकता और सहजता खो देते हैं, इसलिए हम शारीरिक और मौखिक संवाद के एक निश्चित साँचे में फिसल जाते हैं। हम मुद्राओं और गतिशीलता का इस्तेमाल करने के लिए कम तैयार होते हैं...संक्षेप में हम सच्ची बातचीत की ताज़गी और स्वाभाविकता खो देते हैं। - डेल कारनेगी

व्यवहारकुशल बनें : बहुत संवादकुशल लोग हमेशा काफी व्यवहार. कुशल होते हैं - वे बिना अप्रसन्न हुए रोचक लगते हैं। कुछ लोगों में यह खास गुण होता है कि वे हमारे भीतर के सर्वश्रेष्ठ पहलू को स्पर्श कर लेते हैं, बाकी हमारे भीतर के सबसे बुरे पहलू को जाग्रत कर देते हैं। जब भी वे हमारे सामने आते हैं, उनकी हरकतों या बातों से हमें चिढ़ होने लगती है। बाकी खुशमिजाज और रुचिकर होते हैं। वे कभी हमारे संवेदनशील मसलों को छूकर हमें भड़काते नहीं हैं। हमारे अंदर जो भी सहज, मधुर और सुंदर है, उस सबको वे प्रेरित कर देते हैं।

हर मिलने वाला कहता था कि लिंकन रोचक बनने की कला में माहिर थे। वे अपनी कहानियों और हँसी-मजाक से लोगों को आरामदेह बनाते थे। अपने सामने वे उन्हें इतना सहज बना देते थे कि सामने वाले लोग निस्संकोच अपने मानसिक खजाने उनके सामने खोल देते थे। उनसे बात करके अजनबी हमेशा खुश होते थे, क्योंकि वे बहुत दोस्ताना तथा अनूठे थे और वे लेने के बजाय देने में विश्वास करते थे।

जाहिर है, लिंकन जैसा हास्यबोध इंसान की वाकपटुता को बहुत बढ़ा देता है। लेकिन हर व्यक्ति में हास्यबोध नहीं होता; और अगर हममें हास्यबोध का अभाव है, तो दिलचस्प बनने की कोशिश में हम हास्यास्पद भी बन सकते हैं।

संवादकुशल लोग अति गंभीर नहीं होते हैं। वे छोटे-छोटे विवरणों से हमें अभिभूत नहीं करते हैं। तथ्य और आँकड़े दिमाग को थका सकते हैं, इसलिए वे उनके साथ-साथ दिलचस्प प्रसंग और किस्से भी सुनाते हैं। जोश बहुत जरूरी है। भारी बातचीत से श्रोता ऊब सकते हैं। लेकिन सावधान रहें : अगर चर्चा बहुत ज्यादा हल्की हुई, तो यह दिलचस्प तो होगी, लेकिन उससे हमारा उद्देश्य पूरा नहीं हो पाएगा।

संवाद कला में निपुण बनने के लिए हमें सहज, उत्साही, स्वाभाविक व सहानुभूतिपूर्ण होना चाहिए और सद्भाव का प्रदर्शन करना चाहिए। हमें सहायता करने का भाव महसूस करना चाहिए और दूसरों को रोचक लगने वाली चीजों में पूरे दिल से दाखिल होना चाहिए। हमें लोगों का ध्यान हासिल करना चाहिए और दिलचस्प बातें करके ध्यान को कायम रखना चाहिए।

ध्यान रहे, हम उनकी रुचि सिर्फ गर्मजोशी भरी सहानुभूति से ही हासिल कर सकते हैं - सच्ची दोस्ताना सहानुभूति। यदि हम भावहीन, सुदूर और सहानुभूतिरहित हैं, तो हम उनका ध्यान आकर्षित नहीं कर सकते।

मानसिकता खुली रखें और सहिष्णु बनें। जो लोग सुरुचि, न्याय और निष्पक्षता के अहसास का उल्लंघन करते हैं, उनमें दूसरे रुचि नहीं लेते हैं। वे अपने आंतरिक स्वरूप के सभी मार्गों को कसकर बंद कर देते हैं। फलस्वरूप जो भी बातचीत होती है, वह सतही और मशीनी होती है, जिसमें कोई जीवंतता या भावना नहीं होती।

हर जगह सफल बनने के लिए दृढ़, प्रभावशाली और रोचक भाषा में बोलने की शक्ति विकसित करें। हमने कुछ हासिल किया है, यह साबित करने के लिए किसी अजनबी को अपनी सारी संपत्ति की सूची बताना जरूरी नहीं है।

हमारे नजरिये, हमारे दिल में मौजूद भावनाओं और हमारे व्यक्तित्व का हमारे वाक्-कौशल से पूरा-पूरा सरोकार होता है। हम दूसरों पर जो छाप छोड़ते हैं, उससे हमारी सफलता पर जबर्दस्त फर्क पड़ता है। तब हम विश्वसनीय लगेंगे, महारत की छाप छोड़ेंगे और इस तरह आधा युद्ध जीत लेंगे।

नाम पता करें और याद रखें : किसी नए व्यक्ति से मिलते समय उसका नाम जानने की खास कोशिश करें। अक्सर परिचय देते समय नाम बुदबुदाकर बोला जाता है, खास तौर पर अगर एक से ज्यादा व्यक्तियों का परिचय साथ दिया जा रहा हो। यदि नाम स्पष्ट सुनाई नहीं दिया है, तो इसे दोहराने का आग्रह करना अशिष्टता नहीं है। बातचीत में नाम का इस्तेमाल करने से यह हमारे दिमाग में दृढ़ता से बैठ जाता है।

इन सुझावों का अनुसरण करें :

- यह तय करें कि नाम के किस हिस्से का इस्तेमाल करना है। अमेरिका के लोग आम तौर पर नाम के पहले हिस्से यानी मूल नाम का इस्तेमाल करते हैं, जब तक कि सामने वाले की उम्र बहुत ज्यादा न हो या वह बहुत बड़ा अधिकारी न हो, जिस स्थिति में मि./मिस का इस्तेमाल करें, जब तक कि वह खुद न कहे, "पहले

नाम का इस्तेमाल करें।" बाकी संस्कृतियों में हमेशा औपचारिक "श्री," "श्रीमती," "कुमारी" या "डॉ.," "प्रो." आदि पदनाम का इस्तेमाल किया जाता है, जब तक कि सामने वाला कम औपचारिक होने की अनुमति न दे।

- उस व्यक्ति के नाम के साथ मानसिक चित्र जोड़ें। शब्दों में न सोचें – चित्रों में सोचें। जब हम कुसुम से मिलते हैं, तो यह चित्र देखें कि वह फूलों से लदी हुई है। "सरिता" नाम हमें नदी किनारे की याद दिलाता है और "नारायण" हमें शेषनाग पर लेटे भगवान की याद दिलाता है।
- बातचीत में तुरंत नाम दोहराएँ, लेकिन इसकी अति न करें, वरना यह नकली दिखेगा। हर तीन-चार मिनट की बातचीत में एक बार काफी है और आखिरी बार विदा लेते वक्त।
- यदि वही नाम हमारे किसी रिश्तेदार, मित्र या किसी दूसरे परिचित का है, तो हम उस व्यक्ति के साथ नए व्यक्ति की तसवीर देखते हैं।
- सबसे महत्त्वपूर्ण, इसका इस्तेमाल करें, इसका इस्तेमाल करें, इसका इस्तेमाल करें... जब तक कि यह दृढ़ता से हमारे मन में न जम जाए।

सामने वाले व्यक्ति के बारे में जानकारी हासिल करें : जब हम किसी नए व्यक्ति से मिलते हैं, तो उसके बारे में ज्यादा से ज्यादा जानकारी हासिल करना महत्त्वपूर्ण होता है। उससे सवाल पूछकर जानकारी हासिल करें। ध्यान रहे, इसे सवाल-जवाब का सत्र न बनाएँ। बस कुछ अच्छी तरह चुने गए प्रश्नों से अवरोध हट जाएँगे और बातचीत खुलकर प्रवाहित होने लगेगी।

यह एक नाजुक प्रक्रिया है, क्योंकि सामने वाले को यह नहीं लगना चाहिए कि हम उसके जीवन में बहुत ज्यादा दखलंदाजी कर रहे हैं या अति जिज्ञासु हैं। स्थिति के लिहाज से उचित सवाल पूछना मुनासिब होता है। मिसाल के तौर पर, कुछ प्रश्न कारोबारी पृष्ठभूमि में उचित होते हैं; बाकी सामाजिक स्थितियों में उचित होते हैं।

किसी सामाजिक स्थिति में अच्छी शुरुआत करने वाले प्रश्न आम तौर पर यह हो सकते हैं कि कोई किस इलाके में रहता है, उसकी रुचियाँ या शौक क्या हैं, परिवार या साझे परिचित आदि। अच्छी बातचीत शुरू करने वाले अन्य प्रश्नों में ये शामिल हैं कि सामने वाला किस स्कूल या कॉलेज में गया था, वर्तमान ताजा घटनाएँ या सामने वाले की कही बात से संबंधित सवाल।

जब कारोबारी पृष्ठभूमि में लोगों से मिलें, तो शुरुआत करने वाले अच्छे प्रश्न उसके उद्योग या कंपनी के बारे में होते हैं। उस उद्योग को प्रभावित करने वाली खबरों, उसकी नौकरी या करियर की प्रकृति के बारे में प्रश्न पूछे।

हम कौन-कौन से प्रश्न पूछेगे, उनकी सूची बनाने की जरूरत नहीं है। एक बार बातचीत शुरू होने के बाद टिप्पणियाँ और प्रतिक्रियाएँ आसानी से प्रवाहित होने लगती हैं।

बातचीत की शैलियाँ : चाहे आमने-सामने की चर्चा हो या समूह के सामने व्याख्यान, हम दूसरों के साथ जिस अंदाज में संवाद करते हैं, उसी से यह तय होता है कि दूसरे हमारी बात को किस तरह ग्रहण करेंगे। हमें निष्क्रिय, आक्रामक या सकारात्मक माना जा सकता है।

निष्क्रिय लोगों के कुछ लक्षण ये हैं :

- वे दूसरों के बारे में ज्यादा परवाह करते हैं और अक्सर इस चक्कर में खुद को नुकसान पहुंचा लेते हैं।
- वे मन ही मन अक्सर तनाव में रहते हैं, हालाँकि यह दूसरों के सामने स्पष्ट नहीं होता।
- उनमें आत्म-सम्मान की भावना कम होती है।
- सम्मान पाने के बजाय उन्हें इस बात की ज्यादा परवाह होती है कि सामने वाले उन्हें पसंद करें।
- वे दूसरों को ऊँचा दिखाते हैं, भले ही इसके लिए खुद को कीमत चुकानी पड़े।
- वे दूसरों को दोष देने के बजाय दोष खुद पर ओढ़ लेते हैं।
- वे टकराव से बचते हैं।

- जब उन्हें सामने वाले से कोई काम कराना होता है, तो वे सीधे इसकी माँग करने के बजाय अप्रत्यक्ष रूप से सुझाव देते हैं या इच्छा व्यक्त करते हैं।

आक्रामक शैली निष्क्रिय शैली के विपरीत होती है। आक्रामक लोगों में ये लक्षण देखे जाते हैं :

- ये लोग खुद पर बहुत ज्यादा केंद्रित होते हैं।
- वे अक्सर अंदर से तनावग्रस्त होते हैं।
- उनमें आत्म-सम्मान की कमी होती है, लेकिन वे इसे खुद भी स्वीकार नहीं करते हैं।
- आम तौर पर लोग उन्हें पसंद नहीं करते हैं, न ही उनका सम्मान करते।
- वे तानों या अपमानजनक टिप्पणियों से दूसरों को नीचा दिखाते हैं।
- वे हर चीज और हर व्यक्ति को नियंत्रित करने की कोशिश करते हैं।
- जब गलतियाँ होती हैं या असफलताएँ मिलती हैं, तो वे दूसरों पर दोष मढ़ते हैं और खुद को जिम्मेदार समझने के बारे में कभी सोचते ही नहीं
- उन्हें विपरीत दृष्टिकोण वाले लोगों के साथ आमना-सामना करने में मजा आता है और वे इसकी तलाश करते हैं।
- यदि वे शक्ति के पद पर होते हैं, तो वे दूसरों को अनुसरण करने के लिए बाध्य करते हैं।
- वे अक्सर शब्दों से अपने विरोधियों का अपमान करते हैं।
- जब उन्हें किसी से काम कराना होता है, तो वे सीधे इसकी माँग करते हैं या आदेश देते हैं।

प्रभावी संवाद करने वाले मध्यम मार्ग चुनते हैं। वे आत्मविश्वासी और सकारात्मक होते हैं।

- वे अपने खुद के अधिकारों का पूरा ध्यान रखते हैं, लेकिन सामने वाले व्यक्ति या व्यक्तियों के प्रति भी संवेदनशील होते हैं।
- यदि वे तनाव में होते हैं, तो वे इससे निबटते हैं और आगे बढ़

जाते हैं।

- उनमें प्रबल, सकारात्मक आत्म-छवि होती है।
- वे स्पष्टवादी और ईमानदार होते हैं।
- वे दूसरों का सम्मान अर्जित करते हैं।
- वे दूसरों की प्रशंसा करते हैं।
- वे अपनी खुद की गलतियों और असफलताओं को स्वीकार करते हैं और दूसरों से भी ऐसा ही करने की अपेक्षा रखते हैं।
- वे टकराव पसंद नहीं करते। यदि दूसरे असहमत हैं, तो वे धमकी भरे अंदाज बिना निष्पक्ष चर्चा करके उन्हें अपने दृष्टिकोण से सहमत कराने की कोशिश करेंगे।
- वे हमेशा दूसरों की बात सुनने के इच्छुक रहते हैं।
- जब उन्हें किसी से काम कराना होता है, तो वे बताते हैं कि क्या करना चाहिए और फिर इसे हासिल करने के लिए दूसरों के साथ काम करते हैं।

अपने व्यक्तित्व को बदलना आसान नहीं होता, लेकिन अगर हमारी शैली निष्क्रिय या आक्रामक है, तो संवाद में निपुण होने तथा बेहतर बनने के लिए हमें सकारात्मक-आत्मविश्वासी नीति पर चलना सीखना चाहिए।

फोन पर हमारा व्यक्तित्व : जब भी हम फोन उठाते हैं - करने के लिए या सुनने के लिए - तो हम दूसरे छोर वाले व्यक्ति पर एक छाप छोड़ रहे होते हैं। प्राय: सामने वाले के मन में हमारी और हमारी कंपनी की जो इकलौती छवि बनेगी, वह इसी बातचीत से बनेगी।

आमने-सामने के संवाद में कई साधन होते हैं, जो अच्छी (या बुरी) छाप छोड़ने में हमारी मदद करते हैं : हमारे चेहरे की भाव-भंगिमाएँ, हमारी मुद्राएँ और सामग्री या विजुअल साधनों का इस्तेमाल। फोन के मामले में हमारे पास सिर्फ एक साधन होता है : हमारी आवाज। ज्यादातर लोग अपनी आवाज उस तरह नहीं सुनते हैं,जिस तरह दूसरे सुनते हैं। हमारी आवाज दूसरों को कैसी लगती है, इसका सचमुच पता लगाने

"जिस इंसान के पास मुस्कराता चेहरा न हो, उसे दुकान नहीं खोलनी चाहिए।" -डेल कारनेगी

का सबसे अच्छा तरीका यह है कि हम अपनी कई फोन कॉल रिकॉर्ड करके उन्हें सुनें और मूल्यांकन करें कि हमारी आवाज कैसी लगती है। जाहिर है, सबसे महत्त्वपूर्ण यह है कि दूसरों को हमारी आवाज कैसी लगती है। जैसा ऊपर बताया गया है, रिकॉर्डिंग सुनें और इसकी गुणवत्ता को बेहतर बनाने के लिए सभी आवश्यक परिवर्तन करें।

हमारा नजरिया : दोस्ताना बनना दूसरों के साथ प्रभावी व्यवहार का एक मुख्य गुण है। क्या हमें रिकॉर्डिंग में हमारी आवाज दोस्ताना लगती है या फिर यह चिड़चिड़ी लगती है? हो सकता है, वह फोन किसी गलत समय पर आ गया हो। शायद हम पर बॉस के किसी आदेश का दबाव है, हमारे सामने कोई डेडलाइन है, जिसे हम पूरा करने की कोशिश कर रहे हैं या विभाग में कोई संकट आ गया है, लेकिन हमें फोन करने वाला यह बात नहीं जानता है (या इसकी परवाह नहीं करता है)। हमें खुद को इतना अनुशासित करना चाहिए कि हम उस फोन कॉल के सिवा बाकी हर चीज को अपने दिमाग से बाहर निकाल दें।

यदि हम किसी चीज के बारे में परेशान हैं, तो फोन उठाने से पहले गहरी साँस लें, अपनी मांसपेशियाँ शिथिल करें और अपने दिमाग को साफ कर लें। शांत बनें, ध्यान दें और हम सामने वाले की बात में परवाह भरी रुचि की जो छाप छोड़ना चाहते हैं, वह अपने आप पहुँच जाएगी।

फोन सुनने की तकनीकें : फोन का तुरंत जवाब दें। कारोबारी स्थिति में तीन बार बजने तक फोन का जवाब दे देना चाहिए। यदि हम किसी दूसरे का फोन सुन रहे हैं, तो या तो अपने वॉइसमेल का इस्तेमाल करें या वर्तमान फोन को होल्ड पर रखकर अभी-अभी आए फोन को उठा लें। उससे या तो कुछ देर इंतजार करने को कहें या नंबर लेकर खुद फोन लगाने का वादा करें। यदि हम कुछ मिनट से ज्यादा समय तक अपनी डेस्क से दूर जा रहे हैं, तो यह इंतजाम कर दें कि हमारे बदले कोई दूसरा फोन सुन ले या तीन घंटी बाद वॉइसमेल अपने आप चालू हो जाए।

हमेशा तुरंत बताएँ कि हम कौन हैं। "हेलो" कहने के बजाय यह कहें, "इंजीनियरिंग विभाग से सैम जॉनसन बोल रहा हूँ।" यह मानकर न चलें कि फोन करने वाला जानता है कि हम कौन हैं। यदि हम फोन करने वाले को

नहीं जानते हैं, तो उसका नाम पूछ लें। यदि यह कोई असामान्य नाम है, तो पूछे कि इसे कैसे लिखा जाता है। इसे लिख लें। प्रतिक्रिया करते समय फोन करने वाले के नाम का इस्तेमाल करें। यह उस व्यक्ति और उसकी समस्या में हमारी सच्ची रुचि दर्शाता है। यदि हम कुछ मिनट के भीतर उसके प्रश्नों के जवाब नहीं दे सकते, तो यह सलाह देना बेहतर है कि हम कुछ समय बाद फोन करेंगे। फोन करने वाले को ज्यादा देर तक होल्ड पर न रखें। यदि वह होल्ड करना पसंद करता हो या प्रतिक्रिया में अपेक्षा से ज्यादा समय लग रहा हो, तो बीच-बीच में फोन पर अपनी उपस्थिति दर्ज करते रहें, ताकि उसे इत्मीनान रहे कि फोन काटा नहीं गया है।

किसी कंपनी को फोन लगाने के सबसे चिढ़ाने वाले पहलुओं में से एक यह है कि फोन उठाने वाला आपकी बात किसी दूसरे व्यक्ति से कराने वाला है और इस बीच फोन कट जाता है। यदि किसी दूसरे व्यक्ति को कॉल ट्रांसफर करना जरूरी है, तो हमेशा सामने वाले को बता दें कि उसकी बात किससे कराई जाएगी और उस व्यक्ति का एक्सटेंशन या फोन नंबर (यदि हमसे अलग हो) क्या है। फोन करने वाले का नंबर लेना भी एक अच्छा विचार है, ताकि अगर फोन कट जाए, तो हम दोबारा फोन कर सकते हैं।

> यह नाटकीयकरण का युग है। सिर्फ सत्य बोलना ही काफी नहीं है। सत्य को चित्रात्मक, रोचक और नाटकीय बनाना चाहिए। आपको शोमैनशिप का इस्तेमाल करना चाहिए। फिल्में यही करती हैं। टीवी यही करता है। और अगर आप लोगों का ध्यान आकर्षित करना चाहते हैं, तो आपको भी यही करना चाहिए। -डेल कारनेगी

सिर्फ सीधे प्रश्नों पर ही नहीं, बल्कि निहित आपत्तियों पर भी प्रतिक्रिया करें। जब मार्था ने मेल ऑर्डर विभाग को शिकायत करने के लिए फोन किया कि उसे टूटा हुआ सामान मिला है, तो वह विचलित हो गई, जब उसे बताया गया कि वह इसे यूनाइटेड पार्सल सर्विस से लौटा दे। ग्राहक सेवा प्रतिनिधि ने उसकी चिंता को पहचान लिया और मार्था को जल्दी से बता दिया कि उसे यूपीएस शिपिंग सेंटर तक नहीं

जाना है, बल्कि वह ऐसा इंतजाम कर देगी कि यूपीएस वाले उसके घर से सामान ले जाएँ।

मार्था की चिंता को भांपकर ग्राहक सेवा प्रतिनिधि ने न सिर्फ ग्राहक को स्थिति के बारे में बेहतर महसूस कराया, बल्कि उसे कंपनी का मित्र भी बना लिया।

फोन करते समय रणनीतियाँ :

फोन पर होने वाली बातचीत की शुरुआत और अंत बहुत महत्त्वपूर्ण होते हैं। स्वागत करने वाले नजरिये से बातचीत करें, जिससे यह पता चले कि हमें उस व्यक्ति से बात करते समय खुशी हो रही है और इस बात को पहचानें कि वह फोन उस व्यक्ति के लिए महत्त्वपूर्ण है। यदि हम उस व्यक्ति को नहीं जानते हैं, तो उसे बता दें कि हम कौन हैं और क्यों फोन कर रहे हैं।

"गुड मॉर्निंग, मिसेज सेम्युअल्स, आप एक माँ हैं और आपके बच्चे हमारे स्कूल में पढ़ते हैं और मैं जानती हूँ कि आप इस जिले में शिक्षा की गुणवत्ता की परवाह करती हैं। मैं डियान मैकग्राथ की प्रचार प्रबंधक ब्लांशे एच. बोल रही हूँ, जो स्कूल बोर्ड के अध्यक्ष का चुनाव लड़ रही हैं।"

बात पूरी करने के बाद प्रश्नों को सुनें और उन पर प्रतिक्रिया करें। सकारात्मक अंदाज में अंत करें। "ध्यान से बात सुनने के लिए धन्यवाद। अगले मंगलवार को बोर्ड मीटिंग में मैं आपसे मिलने के लिए उत्सुक रहूँगी।" फोन उठाने से पहले ही पूरी बातचीत की योजना बना लें। यदि हमें एक ही फोन में कई मसलों पर बात करनी हो, तो उनकी सूची बना लें। हर मसले के मुख्य बिंदुओं को लिख लें। बोलते समय अपनी योजना पर अमल करें। इस तरह बात करने से फोन की बातचीत ज्यादा प्रभावी होगी और इसमें समय भी कम लगेगा।

सामने वाले की बात सुनें। हो सकता है कि उसकी बात सुनने के बाद हमें अपनी मूल योजना में हेर-फेर करने की जरूरत महसूस हो। प्रश्न पूछे और सामने वाले के जवाब गौर से सुनें। यह सभी संवादों के बारे में सच है, लेकिन फोन के मामले में खास तौर पर महत्त्वपूर्ण है, क्योंकि हमारे पास आमने-सामने वाली मुलाकात में दिए जाने वाले बॉडी लैंग्वेज के संकेतों को देखने का लाभ नहीं होता। स्वराघात और आवाज के लहजे में परिवर्तन या

उतार-चढ़ाव की सूक्ष्मताओं को "पढ़ना" सीखें। हम जो संदेश भेजने की योजना बना रहे हैं, उसके बारे में श्रोता के दृष्टिकोण से सोचें।

छुटपुट बातचीत : छुटपुट बातचीत वास्तव में "महत्त्वहीन बातचीत" नहीं होती। बातचीत की यह गैर-कारोबारी शैली संबंध बनाने और संबंध जारी रखने की बुनियाद बन सकती है।

छुटपुट बातचीत में कुशल बनने के लिए ताजा घटनाओं के व्यापक ज्ञान की जरूरत नहीं होती। इसमें तो बस सामने वाले व्यक्ति के प्रिय विषय पर ध्यान केंद्रित करने की जरूरत होती है - और ऐसे प्रश्न पूछने की, जिनसे उसकी रुचि का पता चले। मौसम के बारे में बात करने से भी बातचीत का सिलसिला शुरू हो सकता है। यह घनिष्ठता बढ़ाने का अचूक तरीका है।

बेहतर श्रोता बनें : अच्छी जानकारी पाने वाले सही प्रश्न पूछना लोगों को जानने की दिशा में पहला कदम है, लेकिन हमारे पूछे गए प्रश्न चाहे जितने अच्छे हों, जब तक हम जवाबों को गौर से नहीं सुनेंगे, तब तक हमें जानकारी का सिर्फ कुछ हिस्सा ही मिल पाएगा। हर बातचीत में अपनी सुनने की योग्यताओं को निखारना महत्त्वपूर्ण होता है।

बेहतर श्रोता बनने की कुछ तकनीकों पर आगामी अध्यायों में बातचीत की जाएगी।

प्रभावी चर्चा की जाँच सूची : हाल की कुछ चर्चाओं की समीक्षा करें - चाहे ये आमने-सामने हुई हों या फोन पर। क्या आप :

- मुस्कराए? मुस्कान फोन पर भी हमारी आवाज और हमारे नजरिये में झलकती है।
- क्या हमने बातचीत शुरू करने के लिए छुटपुट बातचीत का इस्तेमाल किया?
- क्या हमने उस व्यक्ति का नाम याद रखा और उसका इस्तेमाल किया?
- क्या हमने सामने वाले व्यक्ति के गुणों, आदर्शों या उपलब्धियों का अवलोकन करके उससे संबंध जोड़ा?
- क्या हमने समानताएँ खोजी और बताईं?

- क्या हमने सामने वाले के समय के प्रति सम्मान दिखाया?
- क्या हमने भिन्नता के मुद्दों पर संवेदनशीलता रखी और विवादास्पद मुद्दों से बचे?
- क्या हमने विचारपूर्ण प्रश्न पूछकर सामने वाले के बारे में जानने की सच्ची इच्छा दिखाई?
- क्या हमने सामने वाले की बात पूरी तरह सुनी और उस पर ध्यान केंद्रित किया?
- क्या हमने पूछा कि हम कैसे मदद कर सकते हैं?
- क्या हमने सामने वाले की रुचियों के संदर्भ में बातचीत की?
- क्या हमने उन्हें कोई रुचिकर चीज बताई, जो वे पहले से नहीं जानते थे?
- क्या हमने प्रमाण देते हुए सच्ची प्रशंसा की?

5 अध्याय

पराजय को पराजित करें

हम अक्सर नए विचारों, नए अभियानों या समस्या सुलझाने की असाधारण नीतियों को आजमाने से घबराते हैं। वजह यह है कि हम असफल होने से डरते हैं। असफलता का डर सहज मानव गुण है। कोई भी पराजय का दर्द नहीं झेलना चाहता, लेकिन किसी भी काम में तब तक सफलता नहीं मिल सकती, जब तक कि इसकी कोशिश न की जाए और हर कोशिश के साथ इसके कामयाब न होने का जोखिम जुड़ा रहता है।

हम अपनी असफलताओं से सीखते हैं

हम सभी जीवन में कई चीजों में असफल होते हैं, लेकिन हम अपनी गलतियों से सीख लेते हैं और इसका इस्तेमाल उनसे उबरने के लिए करते हैं। जब हम पहली बार कोई नया काम करते हैं, तो शायद हम सफल नहीं होंगे। जब छोटी ट्रिसिया ने अपनी पहली जिगसॉ पजल को जमाने की कोशिश की,

तो वह कुंठा में रोने लगी। पजल के हिस्से जम ही नहीं रहे थे। लेकिन धैर्य और माँ के थोड़े मार्गदर्शन की बदौलत वह सही आकृति को पहचानने लगी और कुछ ही समय में उसकी असफलता, सफलता में बदल गई। जब जॉनी ने बेसबॉल मैच में पहली बार पिचर का सामना किया, तो वह गेंद मार ही नहीं पा रहा था। वह बार-बार चूकता रहा, जब तक कि वह अपनी इन चूकों को प्रहार में बदलने में कुशल नहीं हो गया।

कोशिश करते रहें

अनुभव और व्यावहारिक ज्ञान होने के बावजूद हम हमेशा सफल नहीं हो सकते। कई मर्तबा हम असफल भी होंगे, लेकिन हमें असफलता के विचार को खुद पर हावी नहीं होने देना चाहिए। हम अपनी गलतियों से सीखते हैं और सीखी हुई बातों का इस्तेमाल करके अपनी असफलताओं से उबरते हैं।

आर.एच. मेसी के पहले सात स्टोर बंद हो गए, लेकिन इसके बावजूद उन्होंने खुद को "असफल" समझकर हार नहीं मानी। वे लगातार कोशिश करते रहे और अमेरिका के अग्रणी रिटेलर्स में से एक बन गए। बेब रूथ अपने करियर में 1,300 से ज्यादा बार आउट हुए थे, लेकिन आज यह किसी को याद नहीं है; लोगों को बस उनके 714 होम रन याद हैं।

कारण खोजें

थॉमस एडिसन ने कभी हार नहीं मानी, लेकिन सिर्फ लगन ही काफी नहीं होती। जब भी उनका कोई प्रयोग नाकाम होता था, तो हर बार वे पता लगाते थे कि वे किस वजह से असफल हुए। वे लगातार समाधान खोजते रहते थे। कहा जाता है कि बिजली के बल्ब का सही फिलामेंट बनाने से पहले वे लगभग 1,000 बार असफल हुए थे। सिर्फ महान जीनियस और खेल चैंपियन ही असफलताओं व निराशाओं का सामना नहीं करते हैं या उनसे नहीं उबरते हैं। हम सभी को अपनी नौकरी और निजी जीवन में समय-समय पर असफलताओं के लिए तैयार रहना चाहिए। हमें उन्हें पछाड़ने के लिए खुद को तैयार करना चाहिए।

जस्टिन परेशान थी। उसने पेरोल प्रक्रिया की गति तेज करने के लिए कुछ परिवर्तन करने का सुझाव दिया था, उसे यह देखकर सदमा लगा कि

उसके सुझाए परिवर्तनों की वजह से प्रक्रिया धीमी हो गई थी। उसके बॉस की आलोचना से वह खुद को मूर्ख समझ रही थी। लेकिन हार मानने के बजाय उसने तहक़ीक़ात की कि यह विचार क्यों असफल हुआ था। उसे पता चला कि विचार तो सही था, बस उस पर सही तरीके से अमल नहीं किया गया था। क्लर्कों को नई प्रक्रिया का प्रशिक्षण देने के बाद असफलता सफलता में बदल गई।

जोखिम को न्यूनतम करें

सभी नए विचारों में जोखिम होता है। यदि यह अतीत में सफल नहीं हुआ है, तो संभवतः यह अब भी सफल नहीं होगा। जब पॉल ने अपनी कंपनी का नया प्रॉडक्ट उतारने के लिए एक अनूठी मार्केटिंग योजना बनाई, तो वह जानता था कि कई अति सूक्ष्म बातें उसके उद्देश्य को पराजित कर सकती थीं।

कौन-से अवरोध आ सकते हैं, यह पता लगाने के लिए उसने सीधे राष्ट्रीय वितरण की योजना बनाने से पहले तीन शहरों में प्रॉडक्ट की टेस्ट मार्केटिंग की। इससे उसे संभावित समस्या क्षेत्रों का पता चल गया और उसने उन्हें दूर कर लिया। जब तक राष्ट्रीय मार्केटिंग अभियान शुरू हुआ, तब तक ज्यादातर समस्याओं का पता लग चुका था, उन्हें दूर किया जा चुका था और सफलता के अवसर बहुत बढ़ गए थे।

वैकल्पिक समाधान खोजें : यदि पीटर का बनाया नया प्रोग्राम तेजी से काम नहीं करता, तो कंपनी का गंभीर मुश्किल में पड़ना तय था। पीटर जानता था कि विचार अच्छा था, लेकिन यह नया था और इसे कभी आजमाया नहीं गया था। इसके असफल होने पर कारणों का मूल्यांकन करने और फेरबदल करने के लिए समय ही नहीं था। इसे बस तुरंत कारगर होना था।

पीटर ने एक वैकल्पिक समाधान तैयार किया, ताकि नए प्रोग्राम में समस्याएँ आने पर वह खुद और कंपनी सुरक्षित रहे। यह वैकल्पिक समाधान कम नवाचारी था और बुनियादी प्रोग्राम जितना प्रभावी नहीं था, लेकिन यह कम से कम अंतरिम समाधान के रूप में काम करेगा। यानी अगर बुनियादी प्रोग्राम सफल नहीं हुआ, तब भी समस्या नियंत्रण में रहेगी। फिर यह पता लगाने के लिए आगामी अध्ययन किया जा सकता है कि प्रोग्राम क्यों

कारगर नहीं हुआ और उसे सफल बनाने के लिए अतिरिक्त कदम उठाए जा सकते हैं।

सफल होने की मनोवैज्ञानिक तैयारी करें : जब कोई योजना या विचार असफल होता है, तो इससे जुड़े व्यक्ति निराश हो सकते हैं और कुछ तो आसानी से हार मान सकते हैं। हमें इस बात के लिए तैयार रहना चाहिए कि हम समय-समय पर असफल होंगे और हमें पराजय का सामना करना पड़ सकता है।

एंड्रिया बुरी तरह निराश थी। उसे पूरा विश्वास था कि उसके सुझावों से स्थिति सुलझ जाएगी, लेकिन उसकी तमाम कोशिशों के बावजूद काम नहीं बना। उसने सोचा, "मैं असफल हूँ। मैं इस तरह की चुनौतियों को सुलझाने के काबिल नहीं हूँ।"

यदि यह नजरिया कायम रहा, तो एंड्रिया न सिर्फ दुखी बनी रहेगी, बल्कि इसकी वजह से वह समस्या को सुलझाने के दूसरे तरीके स्पष्टता से नहीं सोच पाएगी।

हमें यह स्वीकार करना चाहिए कि हम सभी समय-समय पर असफल होते हैं और इसमें शर्म की कोई बात नहीं है। आत्म-चर्चा हमें याद दिलाने में मदद करेगी कि असफलताएँ नई चीजों को आजमाने का हिस्सा हैं और अगर हम नवाचार नहीं करेंगे, तो हम स्थिर हो जाएँगे।

असफलता मिलने के बाद हमें अपनी सारी पुरानी सफलताओं को याद करना चाहिए और खुद को बताते रहना चाहिए कि हम पहले सफल हो चुके हैं और हम दोबारा सफल हो सकते हैं। असफलता एक अल्पकालीन स्थिति है। हम अतीत में इससे उबर चुके हैं, इसलिए हम इससे दोबारा उबरकर सफल हो सकते हैं और होंगे।

जब स्टाफ असफल हो जाए, तो उनका साथ दें

प्रबंधकों और पर्यवेक्षकों की एक अतिरिक्त जिम्मेदारी होती है। उन्हें अपने स्टाफ की असफलताओं से निबटने के लिए तैयार रहना चाहिए। जाहिर है, कई बार किसी अधीनस्थ का असफल प्रयास हमें निराश कर देता है। हमारे मन में उसे फटकारने या इससे भी बदतर उसे नौकरी से निकालने

का प्रलोभन होता है। अगर हम जल्दबाजी में काम करते हैं, तो हो सकता है कि हम स्टाफ के एक संभावित अच्छे सदस्य का मनोबल कम कर दें या उसे खो दें।

आईबीएम में एक मध्यम श्रेणी के मैनेजर के गलत फैसले की वजह से कंपनी को एक लाख डॉलर से ज्यादा का नुकसान हुआ। जब उसे आईबीएम के बॉस थॉमस वाटसन के ऑफिस में बुलाया गया, तो वह डर रहा था कि उसे नौकरी से निकाल दिया जाएगा। उसने चेयरमैन से कहा, "यह मेरी गलती थी। मुझे लगता है आप मेरा इस्तीफा चाहते हैं।"

वाटसन ने कहा, "बकवास मत करो! मैंने अभी-अभी तुम्हारे प्रशिक्षण में एक लाख डॉलर से ज्यादा का निवेश किया है। अब इससे सीखो और दोबारा काम में जुट जाओ।"

प्रबंधकों को यह पहचानना चाहिए कि अगर वे कर्मचारियों को प्रगतिशील बनाना चाहते हैं, तो उन्हें असफल होने का अवसर भी देना होता है। वरना वे नई, सृजनात्मक या अलग नीतियों के इस्तेमाल से डरेंगे।

प्रदर्शन को दोबारा पटरी पर लाना

इसका यह मतलब नहीं है कि हमें अपने स्टाफ के सदस्यों का मनोबल बनाए रखने के लिए उनकी असफलताओं, उनके दोष या खराब प्रदर्शन को नजरअंदाज करें। उन्हें सफल होने का प्रशिक्षण देना मैनेजर की जिम्मेदारी है।

डेल कारनेगी ट्रेनिंग में प्रतिभागियों को छह क़दमों की नीति सिखाई जाती है, जिससे वे अपने स्टाफ के प्रदर्शन को तेज गति से सुधार सकते हैं।

तालमेल बनाएँ : सबसे पहले तो हमें साथी कर्मचारी के साथ तालमेल बनाने के तरीकों की तलाश करनी चाहिए। तालमेल बनाएँ। तालमेल लंबी अवधि के निष्पक्ष व्यवहार द्वारा संग्रहीत सद्भाव और आपसी विश्वास का भंडार है। मुलाकात में सामने वाले व्यक्ति को आरामदेह बनाकर और तनाव को कम करके शुरुआत करें। उसे आरामदेह महसूस कराएँ। दृढ़ अंदाज में संप्रेषण करें और वर्तमान मुद्दे पर बातचीत के पुल बनाएँ।

नरम भाषा का इस्तेमाल करें : रूखेपन से बचने के लिए नरम भाषा का इस्तेमाल करें, ताकि सामने वाला रक्षात्मक न हो। बातचीत में तालमेल बनाने

के बाद मुद्दे पर पहुँचने के सहज तरीके की तलाश करें, जिस पर बातचीत होनी है। "यह गलत है" यह कहने के बजाय अपनी टिप्पणी को इस तरह नरम रखें, "मुझे नजर आ रहा है कि आप इसे सुलझाने की राह पर हैं। क्या मैं यह सुझाव दे सकता हूँ..." फिर बताएँ कि सुधार कैसे किया जा सकता है।

व्यक्ति पर नहीं, समस्या पर ध्यान केंद्रित करें : इस क़दम में हमें व्यक्ति पर नहीं, बल्कि समस्या पर ध्यान केंद्रित करना चाहिए। व्यक्तिगत सर्वनामों को हटा दें और समस्या को अवैयक्तिक बना लें। काम गलत था, उसे करने वाला व्यक्ति नहीं। हम सामने वाले व्यक्ति को पूरी घटना बताने का मौका देना चाहते हैं और फिर उसे समस्या संबंधी अपना ज्ञान बताना चाहते हैं। सुनते समय हमारा लक्ष्य यह समझना और तय करना होना चाहिए कि वह जिम्मेदारी को स्वीकार कर रहा है या फिर इसका दोष दूसरों पर मढ़कर जिम्मेदारी से बच रहा है। लक्ष्य है तथ्य और जानकारी एकत्रित करना, ताकि समस्या को सटीकता से पहचाना जा सके और यह पता लगाया जा सके कि यह क्यों उत्पन्न हुई। प्रश्न पूछकर और निष्कर्षों पर न कूदकर रक्षात्मकता को कम कर दें। इस तरह भिन्न दृष्टिकोण सामने आएँगे और समस्या के मूल कारण को पहचाना जा सकेगा।

मिलकर विकल्पों की तलाश करें : इस कदम का उद्देश्य समस्या का इलाज करना है, उस गलती के दोबारा होने की आशंका को कम करना है और व्यक्ति के प्रदर्शन को दोबारा बेहतर बनाना है। इसमें समस्या को दोबारा उत्पन्न होने से रोकने की योजना भी शामिल है। फीडबैक को प्रोत्साहित करें। इस क़दम में उस कर्मचारी के साथ अलग व्यवहार करना चाहिए, जो जिम्मेदारी को स्वीकार करता है और उसके साथ अलग व्यवहार करना चाहिए, जो दूसरों को दोष देता है तथा जिम्मेदारी लेने से कतराता है। जिम्मेदार कर्मचारी के मामले में प्रभावी सवाल पूछने, सुनने और कोचिंग का इस्तेमाल करके उसे स्थिति सही करने के तरीके सुझाने के लिए प्रोत्साहित किया जा सकता है। कर्मचारी को समस्या के विश्लेषण और निर्णय लेने की प्रक्रिया में शामिल किया जा सकता है। अगर वह समाधान सुझाता

है, तो उसके ज्यादा समर्पित होने की संभावना है। "दोष देने वाले" या "जिम्मेदारी से कतराने वाले" कर्मचारी के मामले में मैनेजर को पहले तो प्रदर्शन अपेक्षाओं को दोहराना होगा और जवाबदेही व जिम्मेदारी स्वीकार करने के लिए कोचिंग भी देनी पड़ सकती है। यह सुनिश्चित करें कि वह पूरी बात समझ गया है और उसकी सहमति हासिल करने की कोशिश करें।

प्रतिबद्धता स्थापित करें : यह कदम व्यक्ति पर केंद्रित है। स्पष्ट रूप से, जिस कर्मचारी ने गलती की है, वह कुछ हद तक असफल महसूस करता है और इस बात की संभावना है कि अगली बार उस काम में उसका आत्म-विश्वास कम होगा। इसीलिए यह जरूरी होता है कि मैनेजर कर्मचारी को एक अलग दृष्टिकोण से स्थिति समझाए।

स्टाफ के सदस्य को यह आश्वस्त करना होता है कि वह संगठन के लिए मूल्यवान और महत्त्वपूर्ण है और मैनेजर उसे समर्थन व प्रोत्साहन देता है। कर्मचारी जब मीटिंग से बाहर जाए, तो उसके भीतर आदर्श प्रदर्शन करने की प्रेरणा होनी चाहिए, क्योंकि वह संगठन के साथ एक ठोस संबंध महसूस करता है।

हमें उच्च प्रदर्शन के उसके समर्पण को मजबूत करना चाहिए, साथ ही हमें यह भी बता देना चाहिए कि संगठन उसकी सफलता के प्रति समर्पित है।

जवाबदेह ठहराएँ : स्टाफ का सदस्य जब मीटिंग छोड़कर जाए, तो उसमें जवाबदेही का अहसास होना चाहिए और उसे कंपनी की अपेक्षाओं का स्पष्ट ज्ञान होना चाहिए। कई बार हम पाते हैं कि कर्मचारी किसी ख़ास काम, प्रोजेक्ट या विभाग में अच्छी तरह फिट नहीं हो रहा है। हमें इस बात की पड़ताल करनी चाहिए कि कर्मचारी की शक्तियाँ, रुचियाँ और लक्ष्य क्या हैं। फिर हम कंपनी के भीतर बेहतर तालमेल वाली कोई दूसरी जगह खोज सकते हैं, जिसके लिए वह कर्मचारी ज्यादा उपयुक्त हो। अगर कर्मचारी महसूस करता हो कि वह उस पद पर कभी सफल नहीं हो सकता, तो उसे वहीं रखना कर्मचारी और कंपनी दोनों के प्रति अन्याय है। अपेक्षित प्रदर्शन के लिए कोचिंग दें। जब सारी कोशिशें नाकाम रहें, तो आखिरी विकल्प यही है कि उन्हें जिम्मेदारी के उस क्षेत्र से हटा दिया जाए।

लगन और नवाचार

हम अपने सारे कार्यों में सफल नहीं हो सकते। सफलता की खुशी के साथ असफलता का दुख जुड़ा होता है। असफलताओं से सृजनात्मक तरीके से निबटकर हम अक्सर उन्हें सफलताओं में बदल सकते हैं। जब ली आयाकोका को फोर्ड मोटर कंपनी से निकाला गया, तो वे अपने करियर के सबसे निचले बिंदु पर थे। उन्होंने इस पराजय को क्रिस्लर के सीईओ की नई नौकरी में किस तरह सफलता में बदला, यह कहानी मशहूर है। अपनी आत्मकथा में उन्होंने बताया कि नई नौकरी शुरू करने के तुरंत बाद एक और तबाही की आशंका उनके सामने आकर खड़ी हो गई। क्रिस्लर दिवालियेपन की कगार पर थी। कोई कमतर व्यक्ति एक और असफलता झेलने से बचने के लिए उसी समय कंपनी छोड़कर जा सकता था। लेकिन आयाकोका ने नवाचारी सोच और लगन से इस संकट से मुकाबला किया और इसे परास्त कर दिया।

दिशा बदलें

डॉन सामान्य संगीतकार नहीं बनना चाहता था। उसका सपना था मशहूर कन्सर्ट वायलिन वादक बनना। प्रतिष्ठित जूलियार्ड स्कूल ऑफ म्यूजिक से पढ़ाई पूरी करने के बाद वह कई महत्त्वपूर्ण प्रतिस्पर्धाओं में गया, लेकिन कहीं भी विजेताओं की श्रेणी में नहीं पहुंच पाया। अध्ययन के इतने बरसों के बाद उसे यह अहसास था कि हालाँकि वह एक सक्षम वायलिन वादक है, लेकिन उसमें शिखर पर पहुँचने का माद्दा नहीं है। वह छोटे कार्यों से संतुष्ट हो सकता था और सिम्फनी या ऑर्केस्ट्रा का सदस्य बन सकता था। इस तरह उसे स्थायी रोजगार मिल जाता और वह अपनी योग्यता का इस्तेमाल भी कर पाता। बहरहाल, डॉन कई संगीतकारों में से एक नहीं बनना चाहता था; वह तो अपने क्षेत्र में शिखर पर पहुँचना चाहता था।

उसने सावधानी से अपने विकल्पों पर गौर किया। उसे रिकॉर्डिंग व्यवसाय के उत्पादन वाले छोर पर संगीतकारों की भारी कमी दिखी। उस बड़ी रिकॉर्ड कंपनी ने उसे क्लासिकल रिकॉर्ड्स के उत्पादन के लिए असिस्टेंट प्रोड्यूसर की नौकरी दे दी। उसकी योग्यताओं और ज्ञान की बदौलत उसे जल्दी ही

तरक्की मिली और अंततः वह उस विभाग का प्रमुख बन गया। कई साल बाद डॉन के सामने एक और संकट आया। क्लासिकल रिकॉर्ड डिपार्टमेंट भारी मुनाफा नहीं कमाता था, इसलिए लागत कम करने के लिए उसे बंद कर दिया गया। छंटनी में डॉन की नौकरी चली गई। एक बार फिर डॉन को दिशा बदलनी थी। उसने खुद को परामर्शदाता प्रोड्यूसर के रूप में स्थापित किया और अपने पूर्व नियोक्ता व अन्य रिकॉर्ड कंपनियों को अपनी सेवाएँ दीं। क्लासिकल रिकॉर्ड उत्पादन में सफलता के उसके इतिहास की बदौलत वह जल्दी ही अपने क्षेत्र के अग्रणी स्वतंत्र प्रोड्यूसर्स में से एक बन गया।

दो अवसरों पर डॉन ने अपनी असफलताओं पर अफसोस करने के बजाय पराजय को सफलता में बदल लिया, क्योंकि उसने अपनी शक्तियों का विश्लेषण किया और अपनी योग्यताओं का सर्वश्रेष्ठ इस्तेमाल करने के लिए अपनी दिशा को बदला।

लक्ष्य बदलें

क्रिस्टीन ने कई मेडिकल कॉलेजों के लिए आवेदन दिए थे। जब आखिरी मेडिकल कॉलेज का अस्वीकृति पत्र मिला, तो वह बहुत निराश थी। जिंदगी भर उसने डॉक्टर बनने की योजना बनाई थी। कॉलेज में उसने जो कोर्स चुने थे, वे सभी मेडिकल करियर की दिशा में थे। वह प्रतिभाशाली छात्रा थी और उसे कतई आशा नहीं थी कि मेडिकल कॉलेज में दाखिला पाने में किसी तरह की समस्या आएगी। लेकिन विज्ञान के कोर्स में उसके उतने ऊँचे ग्रेड नहीं आए थे, जितने मेडिकल कॉलेज के लिए चाहिए थे।

दो दिनों तक चिंता करने के बाद क्रिस्टीन को अहसास हुआ कि उसे निर्णय लेना था कि अब क्या करे। उसने चिकित्सा के क्षेत्र में मौजूद विकल्पों की जाँच की, जिनमें विदेशों के मेडिकल कॉलेज में आवेदन करना शामिल था, चिकित्सा से संबद्ध क्षेत्र में नौकरी पाना शामिल था या विज्ञान के कोर्स को दोबारा पढ़कर अपने ग्रेड ऊँचे करना शामिल था, ताकि वह उन कॉलेजों में दोबारा आवेदन कर सके, जिन्होंने उसे अस्वीकार किया था। इनमें से कोई विकल्प उसे आकर्षक नहीं लगा। उसने अपना गंभीर विश्लेषण किया। उसने अपने मित्रों, परिवार वालों और सलाहकारों से विचार-विमर्श किया। इससे उसे अहसास हुआ कि विज्ञान में कम अंक क्षमता की कमी के कारण नहीं

आए थे, बल्कि इसलिए आए थे, क्योंकि उस विषय में उसकी गहरी रुचि नहीं थी। इतने बरसों में उसकी सच्ची रुचियाँ बदल गई थीं, लेकिन यह बात न जानने की वजह से उसने अपने करियर के लक्ष्य को नहीं बदला था।

अपने लक्ष्यों के बारे में दोबारा सोचकर और पेशेवर काउन्सलिंग की सहायता से क्रिस ने अपनी वास्तविक योग्यताओं को पहचाना और पाया कि उसके लिए कई क्षेत्रों में अवसर खुले हैं। जीवन में इस बिंदु पर लक्ष्य बदलने से वह एक ऐसे करियर में जाने से शायद बच गई, जिसमें वह दुखी होती।

अतीत की सफलताओं की ओर लौटना

जोएल कई साल तक अपनी फर्म का शीर्ष वित्तीय विश्लेषक था। फिर उसे तरक्की देकर डिवीजन कंट्रोलर बना दिया गया। जल्दी ही जोएल को यह अहसास हो गया कि नई नौकरी उसे रास नहीं आ रही थी। वह आँकड़ों के साथ काम करने में माहिर था, जबकि अब उसे ज्यादातर समय लोगों के साथ काम करने में लगाना पड़ रहा था। वह 40 अकाउंटेंटों, कंप्यूटर ऑपरेटरों और क्लर्कों के स्टाफ का सुपरवाइजर था। उसका ज्यादातर समय दूसरे मैनेजरों, बैंकों व अन्य वित्तीय संस्थाओं के अधिकारियों और अपनी कंपनी के शीर्ष प्रबंधन के साथ मुलाकातों में लग जाता था। एक साल बाद उसके बॉस ने कई बार उसे बताया कि उसका विभाग अच्छा प्रदर्शन नहीं कर पा रहा है। उन्होंने इस बारे में जोएल को सलाह भी दी।

जोएल इस्तीफा देने और दूसरी नौकरी खोजने की कगार पर था। एक दिन कॉरपोरेट कंट्रोलर ने होम ऑफिस से आकर उसके विभाग का दौरा किया। उन्होंने कहा, "जोएल, आप हमारी कंपनी के सबसे अच्छे वित्तीय विश्लेषक थे। आपके विश्लेषण शानदार रहते थे। लेकिन वर्तमान पद पर आप सफल नहीं हैं। अगर आप अपनी पुरानी नौकरी में जाना चाहते हों, तो शायद आप ज्यादा खुश भी रहेंगे और निश्चित रूप से कंपनी के लिए ज्यादा मूल्यवान भी होंगे।"

निचले पद पर लौटने को आम तौर पर पराजय के रूप में देखा जाता है। इसका मतलब यह स्वीकार करना है कि हम ज्यादा ऊँचे पद पर सफल नहीं हो सकते और यह अक्सर इंसान के अहं पर आक्रमण होता है। लेकिन इतिहास ऐसे लोगों से भरा है, जिन्हें उनकी क्षमता से ऊपर वाली नौकरियों

पर तरक्की दी गई है। लोगों में अलग-अलग शक्तियाँ और कमजोरियाँ होती हैं। हमें यह स्वीकार करना चाहिए कि हम सब लोगों के लिए सारी चीजें नहीं कर सकते। अपने पुराने पद पर लौटने के बाद जोएल एक बार फिर अपनी कंपनी - और खुद के लिए मूल्यवान बन गया।

ऑटोमोबाइल सेल्फ-स्टार्टर व कई अन्य आविष्कारों के जनक चार्ल्स केटरिंग ने अपनी कंपनी जनरल मोटर्स को बेच दिया। इसके बाद उन्हें कई कार्यों का प्रभारी वाइस प्रेसिडेंट बना दिया गया। केटरिंग बहुत बुरे प्रशासक थे और उनके विभाग कंपनी के मानदंडों को पूरा नहीं कर पाए। आखिरकार केटरिंग को प्रबंधकीय जिम्मेदारियों से मुक्त कर दिया गया और आविष्कारों पर ध्यान केंद्रित करने के लिए छोड़ दिया गया। इससे उन्हें और जनरल मोटर्स दोनों को फायदा हुआ, क्योंकि अब वे उन क्षेत्रों में पूरे समय काम कर सकते थे, जिनमें वे सर्वश्रेष्ठ थे। असफलता और पराजय मिलने पर निराशा या अफसोस न करें। पराजय के कारण का विश्लेषण करें और पता लगाएँ कि हम इसे सफलता में कैसे बदल सकते हैं।

नौकरी में निराशा से उबरना

जब विक्टर अपनी नौकरी में आया था, तो उसने पाँच साल के भीतर ब्रांच मैनेजर बनने का लक्ष्य बनाया था। चार साल बीतने के बाद वह अपने लक्ष्य के क़रीब भी नहीं पहुंच पाया है। वह नाखुश, निराश और अप्रेरित महसूस करता है। कभी वह अचानक क़िस्मत बदलने के सपने देखता है, तो कभी अपने दुर्भाग्य को कोसता है। विक्टर अपने लक्ष्य तक क्यों नहीं पहुंच पाया? शायद यह उसके नियंत्रण के बाहर की परिस्थितियों के कारण हुआ, जैसे मंदी या कठोर प्रतिस्पर्धा। या शायद विक्टर ने सौंपे गए कामों में अपनी सर्वश्रेष्ठ क्षमताओं का प्रदर्शन नहीं किया। यदि पहला मामला है, तो विक्टर नए लक्ष्य तय कर सकता है या नई नौकरी खोज सकता है, जहाँ परिस्थितियाँ ज्यादा अनुकूल हों।

पदोन्नति को अर्जित करना होता है

अगर कोई व्यक्ति कंपनी में तरक्की नहीं कर पाता है, तो इसके लिए हमेशा बाहरी घटक ही जिम्मेदार नहीं होते। हो सकता है कि विक्टर ने

उस प्रमोशन को अर्जित ही न किया हो। सिर्फ नौकरी में समय बिताना ही काफी नहीं है। विक्टर को अपने काम का दोबारा मूल्यांकन करना चाहिए और अपने सुपरवाइजर के साथ बातचीत करनी चाहिए कि वह कैसे बेहतर काम कर सकता है। उसे अतिरिक्त प्रशिक्षण लेना चाहिए, ताकि वह उस पद पर तरक्की के लिए तैयार हो जाए, जिसे वह हासिल करना चाहता है।

मेरिडिथ बहुत विचलित थी। उसकी बॉस रिटायर हो गई थी और उसे उम्मीद थी कि उसे उनके पद पर प्रमोशन मिल जाएगा। वह विभाग की सबसे वरिष्ठ कर्मचारी थी और उसका काम हमेशा अच्छा रहा था। उसे प्रमोशन देने के बजाय कंपनी ने एक बाहरी व्यक्ति को नियुक्त कर दिया, जो विभाग के बारे में कुछ नहीं जानता था। "यह न्यायपूर्ण नहीं था।"

मेरिडिथ को उसकी बॉस का पद क्यों नहीं मिला? जब कोई कंपनी किसी व्यक्ति को नेतृत्व के पद के लिए चुनती है, तो यह निश्चित रूप से उसके कामकाजी रिकॉर्ड, विश्वसनीयता और सक्षमता पर विचार करती है, लेकिन इसे तकनीकी क्षमताओं से ज्यादा बड़ी विशेषताओं वाले लोगों को भी खोजना होता है। उनमें ऐसे खास तत्व होने चाहिए, जिनकी वजह से वे अलग हटकर दिखें। वे ऐसे लोग होने चाहिए, जो यह दिखा चुके हैं कि वे सामान्य से ज्यादा काम करने के लिए अपनी क्षमताएँ बढ़ाने के इच्छुक हैं।

क्षमताओं को बढ़ाना

लियो मध्यम श्रेणी के मैनेजर थे, जो रिटायर होने वाले थे। वे एक्जीक्यूटिव वाइस-प्रेसिडेंट जैक से मिलने गए। जब उन्होंने लियो के वारिस को काम समझाने पर बातचीत कर ली, तो लियो बोले, "जैक, मेरे दिमाग में काफी समय से एक बात घूम रही है। इसने बरसों से मुझे परेशान और कुंठित किया है। अगर मैं रिटायर नहीं हो रहा होता, तो मैं यह बात आपसे पूछने की कभी हिम्मत नहीं कर पाता। आपने और मैंने इस कंपनी में लगभग एक साथ शुरुआत की थी, लेकिन आज आप एक्जीक्यूटिव वाइस-प्रेसिडेंट हैं और मैं कभी प्रबंधन की मध्यम श्रेणी के ऊपर नहीं उठ पाया। मुझसे कहाँ गलती हुई? मैंने हमेशा बेहतरीन काम किया है। मेरे अधिकारियों ने हमेशा मेरे काम की उत्कृष्ट समीक्षाएँ की हैं। मैंने हमेशा हर वह चीज की है, जो मुझसे करने को कहा गया और मैंने उसे अच्छी तरह किया है। आपने

ऐसा क्या किया, जो मैंने नहीं किया और जिसकी वजह से आप मुझसे इतनी आगे पहुँच गए?"

"लियो, आपने अपने सवाल का खुद ही जवाब दे दिया है। आपने हर वह चीज की, जो आपसे करने को कही गई, लेकिन आपने बस इतना ही किया। मैं इस पद पर इसलिए पहुँचा, क्योंकि मैंने अपने नियमित कामों से ज्यादा करने की पहल की। मैंने वे काम करने की स्वैच्छिक पेशकश की, जो कोई दूसरा नहीं चाहता था। मैंने नए विचार सोचे और शीर्ष प्रबंधन को उन पर अमल करने के लिए राजी किया। निश्चित रूप से मैंने जोखिम लिया, क्योंकि कुछ विचार कारगर नहीं रहे, जिनसे कंपनी को घाटा हुआ। बहरहाल, मैंने खुद को कंपनी के लिए अमूल्य बना लिया। जब मुझे महसूस हुआ कि मुझे जिस विभाग में भेजा गया था, वहाँ मैं सब कुछ सीख गया हूँ, तो मैंने दूसरे विभाग में तबादला माँगा, जहाँ मैं कंपनी के बारे में ज्यादा सीख सकता था और अतिरिक्त योगदान दे सकता था। अपनी नौकरी को अच्छी तरह करना महत्त्वपूर्ण है और यह बाकी सब चीजों की बुनियाद है। लेकिन इंसान को अपने तय कामों से ज्यादा करना होता है, तभी वह शीर्ष मैनेजरों की निगाह में आता है, जो तरक्की देने का निर्णय लेते हैं।"

क्यों को समझना

यदि हमें दरकिनार करके दूसरों को तरक्की दी जा रही है, तो ध्यान से सोचें कि हम ऐसा क्या कर सकते हैं, जिससे अगले अवसर पर हमारे नाम पर विचार किया जाए। इन दस सवालों के जवाब दें :

1. मैं अपने वर्तमान काम को कंपनी के लिए ज्यादा मूल्यवान कैसे बना सकता हूँ?
2. इस कंपनी के लिए मैं ऐसा क्या कर सकता हूँ, जो इस वक्त नहीं कर रहा हूँ?
3. किन तरीकों से मैं अपने विभाग में होने वाली चीजों को बेहतर बना सकता हूँ?
4. मैं काम के कौन से नए पहलू सीख सकता हूँ, ताकि मैं इस संगठन के लिए ज्यादा मूल्यवान बन जाऊँ?
5. मैं अपने अधिकारियों को यह कैसे बता सकता हूँ कि मैं ज्यादा जिम्मेदारी लेना चाहता हूँ?

6. मैं इस बारे में कैसे पता लगा सकता हूँ कि दूसरे विभाग क्या कर रहे हैं, जो मेरे लक्ष्यों में मदद कर सकता है?
7. अगर मैं अपने वर्तमान काम में शिखर पर पहुँच गया हूँ, तो क्या संगठन के भीतर दूसरे काम हैं, जिन्हें मैं कर सकता हूँ?
8. क्या दूसरे लोग कोई काम नहीं करना चाहते, जिसे करने की मैं स्वैच्छिक पेशकश कर सकता हूँ?
9. अपने अधीनस्थों के प्रदर्शन को बेहतर करके मैं मैनेजर के रूप में अपनी उपलब्धियों को कैसे बेहतर बना सकता हूँ?
10. क्या मैं वह समर्पण और त्याग करने व आवश्यक जोखिम लेने के लिए तैयार हूँ, जिसकी बदौलत मुझे प्रबंधन की सीढ़ी पर ऊपर उठने का अधिकार मिल जाए?

अपनी तक़दीर के स्वामी बनें

अपनी कुंठाओं का दोष तंत्र पर न मढ़ें... जब तक कि तंत्र सचमुच ही दोषी न हो। अगर हम ईमानदार मूल्यांकन करते हैं कि हम अपने लक्ष्य तक क्यों नहीं पहुंच रहे हैं और इसमें पता चलता है कि हम उससे उबरने के लिए कुछ कर सकते हैं, तो यह पता लगाएँ कि वह क्या है, जो हम इस समय नहीं कर रहे हैं और उसे सुधार लें। सिर्फ अच्छे नहीं, बल्कि उत्कृष्ट कर्मचारी बनने का लक्ष्य रखें। इस दिशा में स्पष्ट कदम उठाकर हम अपने करियर में सफलता की राह पर पहुँच जाएँगे।

निराशा या हार से उबरना

चाहे व्यवसाय में हो या जीवन के दूसरे पहलुओं में, किसी बड़ी निराशा के बाद इंसान का मनोबल रसातल में पहुँच सकता है और उसके आत्म-विश्वास को गंभीर झटका लग सकता है। अगर स्थिति को तुरंत न सुधारा जाए, तो निराशा आत्म-दया, असफलता और अप्रसन्नता में बदल सकती है।

क्लाइड ने सोचा, "मैं नहीं सोचता कि मैं इस ग्राहक की हानि से कभी उबर पाऊँगा।" वह बहुत ही निराश था। द लिंकन मैन्युफैक्चरिंग कंपनी कई सालों से उसकी सबसे बड़ी ग्राहक थी और उसकी 30 प्रतिशत आमदनी के लिए जिम्मेदार थी। उसे अभी-अभी पता चला था कि कंपनी टोलेडो का

प्लांट बंद करने वाली थी और अपने ह्यूस्टन प्लांट के साथ इसका विलय करने वाली थी।

अगले कुछ सप्ताह तक क्लाइड अपने नुकसान पर चिंता करता रहा। उसके सेल्स मैनेजर ने उससे बात करके उसे प्रेरित करने की कोशिश की थी, उसे नए ग्राहक विकसित करने के लिए प्रोत्साहित किया, उसे अतिरिक्त संभावित नाम बताए, लेकिन किसी चीज से मदद नहीं मिली।

वह संभावित ग्राहकों से मिलने तो गया, लेकिन उसकी प्रस्तुतियाँ सामान्य थीं। उसे अपनी योग्यताओं पर जो शक हो रहा था, उन्हें ग्राहकों ने भाँप लिया, इसलिए वह बिक्री करने में कामयाब नहीं हुआ।

बड़े झटके के बाद मिली इन असफलताओं ने स्थिति को बदतर बना दिया। क्लाइड गहरी निराशा में डूब गया और गंभीरता से विचार करने लगा कि वह बिक्री का करियर छोड़कर किसी आसान करियर में जाए।

यथार्थवादी और हासिल हो सकने वाले लक्ष्य तय करें

क्लाइड ने सफल सेल्समैन बनने के लिए कड़ा संघर्ष किया था। बरसों की मेहनत पर पानी फेरना गलत कदम था। अपने सेल्स मैनेजर की सहायता से उसने "शोक" की राह पर अपना रास्ता तय किया, जो किसी गंभीर नुकसान के बाद हमेशा आता है। अंत में उसने इस सच्चाई को स्वीकार कर लिया कि ग्राहक के खोने का उसकी क्षमता से कोई संबंध नहीं था। उसमें अब भी वही क्षमता और प्रेरणा थी, जिसकी वजह से वह लिंकन और दूसरे ग्राहकों को बेचने में कामयाब हुआ था। उसे नए विश्वास और उत्साह के साथ दोबारा नई शुरुआत करनी थी। इस आत्म-विश्वास को हासिल करने का इकलौता तरीका यह था कि वह ग्राहकों से सफलतापूर्वक सेल्स ला सके। उसने अपने लिए नए लक्ष्य बनाए और उन पर अपने मैनेजर से चर्चा की।

> जिन लोगों को उनकी इच्छा के खिलाफ राजी किया जाता है, उनकी राय नहीं बदलती है। -डेल कारनेगी

"आर्ट, मैं छह महीने में इस बिजनेस को बदल दूंगा।"

"बढ़िया, क्लाइड। आपकी कार्ययोजना क्या है?"

"मैं काम करूँगा, सचमुच मेहनत से और लगन से काम करूँगा और

मैं इसे करके दिखा दूंगा।"

"मुझे खुशी है कि आप ऐसा महसूस करते हैं, लेकिन चलिए बाजार का अध्ययन करते हैं और यथार्थवादी लक्ष्य तय करते हैं। अगर आप बहुत कम समय में बहुत ऊँचा लक्ष्य बना लेते हैं, तो संभवतः आप इसे हासिल नहीं कर पाएँगे। छोटे लक्ष्य तय करना ज्यादा महत्त्वपूर्ण है, जिन्हें हासिल करने का आपको विश्वास हो। इसके बाद उनसे ऊपर का रास्ता तय करें।"

आर्ट की बात सही थी। वापसी करने का सबसे अच्छा तरीका नई सफलताओं का स्वाद चखना है। यदि शुरूआती लक्ष्य बहुत ज्यादा ऊँचे हों तो उनके हासिल होने की संभावना कम होती है। यथार्थवादी और हासिल हो सकने वाले लक्ष्य तय करें। जब भी हम किसी छोटे लक्ष्य को हासिल करते हैं, तो हम अपनी नजरों में अपनी विश्वसनीयता बढ़ा लेते हैं।

हम खुद को अपनी क्षमता का प्रमाण दे रहे हैं। इससे हमारे अगले कदम की नींव ठोस बनती है। सफलता से सफलता उत्पन्न होती है। आर्ट की सलाह पर अमल करके क्लाइड न सिर्फ अपने खोए हुए ग्राहक की जगह पर दूसरा ग्राहक बनाने में सक्षम हुआ, बल्कि उसने अगले कुछ महीने में अपनी बिक्री भी बढ़ा ली।

अतीत की उपलब्धियों पर ध्यान केंद्रित करें

मेरिडिथ का विवाह किसी तबाही से कम नहीं था। पूर्व-पति के लगातार फटकारने की वजह से एक उत्साही और आत्म-विश्वासी महिला भयभीत, निराश तथा पराजित बन चुकी थी। उसने स्नातक की पढ़ाई पूरी करने के ठीक बाद शादी कर ली थी। हालाँकि वह पढ़ाना चाहती थी, लेकिन उसके पति ने उसे बैंक में क्लर्क बनने के लिए तैयार कर लिया। उसे लगा कि वह बेहतर कर सकती है, लेकिन पति उससे कहता रहा कि वह जिम्मेदारी के किसी पद के योग्य नहीं है। पति उसके हर काम में दोष निकालता था और उसे नीचा दिखाकर अपने अहं को फुलाता था। इसके तीन साल बाद मेरिडिथ ने उसे तलाक़ दे दिया और अपने जीवन को नए सिरे से बनाने की कोशिश की।

उसने अपने अतीत की समीक्षा की और उसे अहसास हुआ कि कॉलेज के दिनों में वह सबसे खुश और सबसे सफल थी।

उसने एक स्थानीय कॉलेज में नाम लिखा लिया। क्लास में उसकी सहभागिता, शोध रिपोर्ट और उत्कृष्ट ग्रेड ने उसकी सफलता की मानसिक छवि मजबूत की। इससे उसे मास्टर्स डिग्री का आवेदन करने का साहस मिला, जहाँ उसने उतना अच्छा प्रदर्शन किया कि उसे डिग्री पाने के बाद शिक्षक बनने का प्रस्ताव मिल गया।

अतीत की उपलब्धियों पर ध्यान केंद्रित करके और उन्हें दोहराने के अवसर खोजकर मेरिडिथ ने खुद को निराशा से बाहर खींचा और उछलकर सुखद व संतुष्टिदायक जीवन में पहुंच गई।

"चिंता" को "परवाह" में बदलें

कार्लोस सो नहीं पाता था। उसे चिंता का रोग हो गया था। एक सप्ताह बाद उसका नया बॉस आने वाला था। एक अजनबी। पुराने बॉस से उसकी बहुत अच्छी पटरी बैठती थी, लेकिन रिटायर होते समय किसी पुराने कर्मचारी को सुपरवाइजर बनाने के बजाय उन्होंने एक बाहरी व्यक्ति को नियुक्त कर दिया। "शायद यह नया आदमी बहुत सख्त होगा; संभवतः वह मुझे पसंद नहीं करेगा।"

अगले कुछ दिनों तक वह अपनी नौकरी में घबराया हुआ था और उसे सोने में बहुत मुश्किल आ रही थी। उसने गौर किया कि उसका मित्र और सहकर्मी टोनी विचलित नहीं लग रहा है। उसने उससे पूछा, "टोनी, क्या आप नए बॉस के बारे में चिंतित नहीं हैं?"

टोनी ने अपना सिर हिलाया। "बेशक मुझे परवाह है। वे यहाँ बहुत से परिवर्तन कर सकते हैं। लेकिन मुझे चिंता नहीं है। वह सबसे बुरी चीज क्या है, जो हो सकती है? देखिए, सबसे बुरा यह है कि वे मुझे नौकरी से निकाल सकते हैं। अगर वे मुझे नौकरी से निकाल देते हैं, तो यहाँ मैंने अच्छी योग्यताएँ हासिल कर ली हैं, इसलिए मुझे आराम से नई नौकरी मिल जाएगी। वैसे ऐसा कोई असली कारण नहीं है, जिसकी वजह से वे मुझे नौकरी से निकालें। मैंने अच्छा काम किया है और आगे भी करता रहूँगा। यदि वे परिवर्तन करते हैं, तो मैं उन्हें झेल लूँगा - और अगर मैं नहीं झेल पाया, तो आस-पास दूसरी नौकरियाँ मौजूद हैं। तो फिर चिंता क्यों करना?"

यह बात कार्लोस के दिल में उतर गई। वह बिना चिंता के काम करने लगा और इसके बाद उसकी रातों की नींद नहीं उड़ी। वह परवाह तो करेगा,

लेकिन चिंता नहीं करेगा। चिंता को नियंत्रित करने वाले सूत्रों को दिमाग में रखकर वह इस स्थिति को सँभालने में कामयाब हुआ।

निराशा को हराना

हम सभी में पलटकर उछलने और नीचे गिराने वाली गड़बड़ परिस्थितियों या निराशाओं को हराने की क्षमता होती है। हम मूर्त समस्याओं को सही करने के लिए काम कर सकते हैं, लेकिन हमें उस मनोवैज्ञानिक डिप्रेशन से उबरने के स्पष्ट प्रयास भी करने होंगे, जो हमारी शक्तियों और ऊर्जा को चूस सकते हैं।

> दूसरों की राय को महत्त्व दें। उन्हें अपने महत्त्व का भाव कायम रखने दें। -डेल कारनेगी

जब निराशाएँ वार करें, तो अपनी आशा धुंधली न होने दें। चमकता नारंगी सूरज अब भी वहाँ पर है। यह तो बस कुछ समय के लिए छिपा हुआ है। काले बादलों के पीछे। हो सकता है कि उन आशा भरी किरणों तक पहुँचने का रास्ता दूसरों की गहन ईर्ष्या द्वारा बाधित हो, अत्यधिक क्रोध द्वारा विकृत हो या तेज रोशनियों से अवरुद्ध हो, जो हमें अति सावधान बना सकती हैं। वापस सही बनने के लिए हमें स्पष्ट रूप से अपने लक्ष्यों का मानसिक चित्र देखना चाहिए और अपनी समस्याओं से उबरने के लिए अपने उत्साह की तप्त लपटों को हवा देनी चाहिए, ताकि शक्ति और संकल्प की सुकून भरी गर्मी मिले, जिसकी बदौलत हम उन गहरे गड्ढों के ऊपर छलाँग लगाने में सक्षम बनें, जो हमें अपने लक्ष्यों तक पहुँचने से रोकते हैं। इस तरह हम अपने जीवन की निराशाओं को चमकती सुनहरी आशा में बदल सकते हैं।

सार

- हम अपने सभी प्रयासों में सफल नहीं हो सकते। सफलता की खुशी के साथ असफलता का दुख भी जुड़ा रहता है। असफलताओं पर सृजनात्मक प्रतिक्रिया करके हम अक्सर उन्हें सफलताओं में बदल सकते हैं।
- हमें समय-समय पर असफलताएँ मिलने की संभावना का ध्यान करना चाहिए और उनसे निराश न होना सीखना चाहिए।
- यदि हम मैनेजर हैं, तो अपने स्टाफ के असफल होने पर उसे प्रोत्साहित करना और उसे सफल होने का प्रशिक्षण देना हमारी

जिम्मेदारी है।

- सफल होने के लिए अच्छा प्रदर्शन करना ही काफी नहीं है। सचमुच आगे निकलने के लिए हमें अपेक्षा से बहुत ज्यादा प्रदर्शन करना चाहिए, नवाचारी होना चाहिए और जोखिम लेने का साहस रखना चाहिए।
- प्रसन्नचित्त मानसिक नजरिया विकसित करने के लिए डेल कारनेगी की सलाह पर चलें :
  1. अपने मन को शांति, साहस, स्वास्थ्य और आशा के विचारों से भर लें।
  2. अपने शत्रुओं के साथ हिसाब बराबर करने की कोशिश न करें।
  3. कृतघ्नता की अपेक्षा रखें।
  4. अपनी मुश्किलें नहीं - अपने वरदान गिनें।
  5. दूसरों की नक़ल न करें।
  6. अपने नुक़सानों से फायदा उठाने की कोशिश करें।
  7. दूसरों को खुशी दें।

6

अध्याय

ध्यान से सुनिए!

क्या आप सचमुच सुनते हैं? मान लें आपका कोई सहकर्मी आपके 4 सामने एक समस्या लेकर आता है और मदद माँगता है। हो सकता है कि आप शुरू में ध्यान देकर सुनें, लेकिन फिर आपका ध्यान भटक जाता है और आपको इसका पता ही नहीं चल पाता। समस्या सुनने के बजाय अब आप अपनी डेस्क पर पड़े काम के ढेर के बारे में सोच रहे हैं, उस फोन के बारे में सोच रहे हैं, जो आप सहकर्मी के केबिन में आने से पहले करने वाले थे, उस बहस के बारे में सोच रहे हैं, जो सुबह स्कूल छोड़ने जाते वक्त बेटी से हुई थी। आप अपने सहकर्मी के शब्द तो सुन रहे हैं, पर आप दरअसल सुन नहीं रहे हैं।

यह हम सभी के साथ होता है। क्यों? हम जितनी तेजी से बोल सकते हैं, हमारा दिमाग विचारों को उससे बहुत तेज गति से प्रोसेस कर सकता है। जब कोई हमसे बात करता है, तो हमारा दिमाग आगे

दौड़ जाता है और हम वक्ता का वाक्य अपने दिमाग में पूरा कर लेते हैं – कई बार तो हम सही समझते हैं, लेकिन अक्सर हमारे अनुमान से वक्ता की कही बात अलग होती है। आप कही जाने वाली बात नहीं सुनते हैं; इसके बजाय आप तो अपने दिमाग में चलने वाले अनुमानों व आदेशों को सुनते हैं।

लोगों के अच्छे काम की प्रशंसा करें और फिर धीरे-धीरे उनकी कमियों में उनकी मदद करें। यह तरीका ऑफिस, फैक्ट्री, घर, जीवनसाथी, बच्चे, माता-पिता, संसार में लगभग हर किसी के साथ अच्छी तरह काम करेगा। -डेल कारनेगी

यह मानव स्वभाव है। लेकिन खराब श्रोता होने के लिए यह बहाना नहीं चलेगा। नीचे दिए परीक्षण से यह पता लगाएँ कि आप कितने अच्छे श्रोता हैं।

अपनी सुनने की योग्यताओं का मूल्यांकन करें

नीचे दिए गए सवालों के जवाब "हाँ" या "नहीं" में दें :

- जब कोई आपको कुछ बताने की कोशिश करता है, तो क्या आप बीच में बोलते रहते हैं?
- बातचीत के दौरान क्या आप कागजों को देखते हैं?
- क्या आप पूरी कहानी सुनने से पहले ही निष्कर्ष पर पहुँच जाते हैं?
- क्या आपकी बॉडी लैंग्वेज रुचि की कमी का संकेत देती है?
- क्या आप केवल वही सुनते हैं, जो आप सुनना चाहते हैं और बाकी हर चीज को बाहर ही रखते हैं?
- क्या आप वक्ता के प्रति अधीरता दिखाते हैं?
- क्या आप सुनने से ज्यादा समय बोलने में लगाते हैं?
- क्या बातचीत में आपका दिमाग भटकता है?
- जब सामने वाला बोल रहा हो, तो क्या आप उसकी बात के खंडन या प्रतिक्रियाओं के बारे में सोचते हैं?
- क्या आप वक्ता के गैर-शाब्दिक संकेतों को नजरअंदाज करते हैं, जो आपको बताते हैं कि वक्ता आपसे कब प्रतिक्रिया चाहता है?

यदि आपने इनमें से किसी भी प्रश्न का जवाब "हाँ" में दिया है,

तो आपको अपनी सुनने की योग्यताओं को बेहतर बनाने पर ध्यान केंद्रित करना चाहिए।

सक्रिय श्रोता बनें : सक्रिय श्रोता सामने वाले की कही बात पर करीबी ध्यान तो देता ही है, साथ ही उसके बारे में प्रश्न पूछता है, टिप्पणी करता है और शाब्दिक व गैर-शाब्दिक प्रतिक्रिया करता है।

अपनी सुनने की योग्यता को बेहतर बनाने का एक तरीका सक्रिय भूमिका निभाना है। सिर्फ कान खुले रखने के बजाय इन दिशानिर्देशों का अनुसरण करें :

- वक्ता की ओर देखें। आँखों का संपर्क रुचि दिखाने का एक तरीका है, लेकिन इसकी अति न करें। पूरे व्यक्ति को देखें, सिर्फ उसकी आँखों में न घुरें।
- अपने चेहरे के हाव-भाव से रुचि दिखाएँ। सही जगह पर मुस्कराएँ या परवाह दिखाएँ।
- सिर हिलाकर या मुद्राओं से यह संकेत करें कि आप बातचीत को सुन और समझ रहे हैं।
- जो कहा जा रहा है, उसके बारे में प्रश्न पूछे। "तो मैं इसे इस तरह से समझता हूँ..." कहकर आप इसकी संक्षिप्त व्याख्या कर सकते हैं या कही बात के संदर्भ में विशिष्ट प्रश्न पूछ सकते हैं। इस तकनीक से आप न सिर्फ अस्पष्ट बातों को स्पष्ट कर लेंगे, बल्कि सुनते वक्त आप सतर्क भी रहेंगे और पूरा ध्यान देंगे।
- सामने वाले की बात न काटें। विराम इस बात का संकेत नहीं है कि आप बोलना शुरू कर दें। इंतजार करें।
- परानुभूतिपूर्ण श्रोता बनें। दिमाग के साथ-साथ दिल से भी सुनें। लोगों के बोलते वक्त वह महसूस करने की कोशिश करें, जो वे महसूस कर रहे हैं। दूसरे शब्दों में, वक्ता की जगह खुद को रखें।

खुद को बेहतर श्रोता बनाने की छह रणनीतियाँ : आप बेहतर श्रोता बन सकते हैं। आप अप्रभावी तरीके से सुनने के कुछ मुख्य कारणों से बच सकते हैं। इसके लिए बस अपने कामकाजी परिवेश में और सुनने के प्रति अपनी नीति में कुछ परिवर्तन कर लें।

1. यह व्यवस्था करें कि आपके सारे फोन वॉइस मेल पर तुरंत चले जाएँ। संभवतः फोन काम में विघ्न डालने वाला सबसे बड़ा कारण है। आप वक्ता की बात पर पूरा ध्यान देना चाहते हैं। फोन से न सिर्फ आपकी बातचीत में बाधा पड़ती है, बल्कि इससे आपके विचारों का प्रवाह भी टूट जाता है। हो सकता है कि फोन रखने के बाद भी आपका ध्यान फोन पर हुई बातचीत की दिशा में भटकता रहे। यदि फोन बंद करना व्यावहारिक न हो, तो फोन से दूर चले जाएँ। किसी खाली मीटिंग रूम में चले जाएँ। वहाँ के फोन की घंटी शायद नहीं बजेगी, क्योंकि कोई नहीं जानता कि आप वहाँ पर हैं।
2. कागजों को छिपा दें। यदि आपकी डेस्क पर कागजों का अंबार है, तो आपकी निगाहें शायद उन पर घूमेंगी और आपको यह पता चलने में बहुत देर हो जाएगी कि आप सामने वाले की बात सुनने के बजाय पत्र या मेमो पढ़ रहे हैं। यदि आप किसी सम्मेलन कक्ष में जाते हैं, तो सिर्फ बातचीत संबंधी कागज ही साथ रखें। यदि अपनी डेस्क पर रहना जरूरी हो, तो कागज दराज में रख दें, ताकि आपके मन में उन्हें पढ़ने का प्रलोभन न हो।
3. बहुत आराम से न बैठे। रॉबर्ट एल. एक बहुत शर्मनाक अनुभव के बारे में बताते हैं : "कुछ साल पहले मैं एक अन्य मैनेजर के साथ किसी स्थिति पर बातचीत कर रहा था। जैसी मेरी आदत थी, मैं अपनी आरामदेह एक्जीक्यूटिव चेयर में सिर के पीछे हाथ रखकर बैठा था। मेरी आँखें बंद हो गई; सौभाग्य से झपकी लगने से पहले ही मैं सँभल गया। इसके बाद बातचीत करते वक्त मैं आरामदेह स्थिति में नहीं बैठता हूँ। मैंने यह निर्णय लिया है कि मैं अपनी कुर्सी के कोने पर बैठूँगा और पीछे टिकने के बजाय आगे झुकूँगा। इस मुद्रा से न सिर्फ मैं शारीरिक तौर पर सामने वाले के ज्यादा करीब आ जाता है, बल्कि इससे मैं ज्यादा ध्यान भी दे सकता हूँ और आँखों का संपर्क कायम रखने में भी मदद मिलती है। इससे सामने वाले को यह भी दिख जाता है कि मैं उसकी कही जाने

वाली बातें सुनने में सचमुच रुचि लेता हूँ और उन्हें गंभीरता से लेता हूँ। और चूँकि मैं बहुत आरामदेह नहीं होता हूँ, इसलिए दिवास्वप्न देखने की प्रवृत्ति भी कम रहती है।"

4. अपने खंडन के बारे में न सोचें। हमारा मन इस बात के लिए ललचा सकता है कि हम वक्ता के बताए एक-दो बिंदुओं को सुनकर ही यह योजना बना लें कि आप उन पर कैसी प्रतिक्रिया करेंगे। इसका नतीजा यह होगा कि आप शायद बाकी बातें नहीं सुन पाएँगे, जो प्राय: महत्त्वपूर्ण मसलों से संबंधित होती है। कही जाने वाली सारी बातों पर ध्यान केंद्रित करें।
5. परानुभूतिपूर्ण श्रोता बनें। परानुभूति और सहानुभूति में अंतर होता है। परानुभूति खुद को सामने वाले की जगह रखना है, ताकि आप जान जाएँ कि वह कैसा महसूस करता है। सहानुभूति किसी व्यक्ति की बुरी स्थिति पर दु:ख महसूस करना है। वक्ता जो सचमुच कहना चाहता है, परानुभूतिपूर्ण श्रोता उसे ज्यादा गहराई से समझने की स्थिति में होता है।
6. लिख लें। किसी लंबी बातचीत में कही गई हर चीज को याद रखना असंभव होता है। भले ही आप शॉर्टहैंड का इस्तेमाल करें, लेकिन अगर आप सारी बातें लिखने की कोशिश करेंगे, तो आप सुन नहीं पाएँगे। बस मुख्य शब्द या वाक्यांश लिख लें। आँकड़ों या महत्त्वपूर्ण तथ्यों को लिख लें। बस इतना लिखें कि आपको याद रहे। किसी मीटिंग के तुरंत बाद उसका विस्तृत सार लिख लें, जब जानकारी आपके दिमाग में ताजा हो। इसे रिकॉर्डर में भर लें, कंप्यूटर में दर्ज कर लें या अपनी नोटबुक में लिख लें, जो भी आपको ज्यादा अच्छा लगे।

सात प्रकार के श्रोता : श्रोता अक्सर नीचे दी गई श्रेणियों में से किसी एक में आते हैं :

"बेचैन श्रोता"

ये लोग हड़बड़ी में नजर आते हैं, लगातार आस-पास देखते रहते हैं या

कोई दूसरी चीज करते रहते हैं। अक्सर कई काम एक साथ करने वाले ये लोग स्थिर बैठकर सुन ही नहीं सकते।

यदि आप "बेचैन श्रोता" हैं, तो आपको यह संकल्प लेना चाहिए कि जब कोई आपसे बात कर रहा हो, तो आप अपने हाथ के काम को अलग रख देंगे।

यदि आपका पाला किसी "बेचैन श्रोता" से पड़ रहा है, तो आप पूछ सकते हैं, "क्या यह अच्छा समय है?" या कहें, "मुझे एक पल के लिए आपका पूरा ध्यान चाहिए।" ऐसे कथन से शुरुआत करें, जो उस व्यक्ति का ध्यान आकर्षित कर ले, संक्षिप्त रहें और तुरंत ही निष्कर्ष पर पहुँचें, क्योंकि उसके ध्यान की अवधि छोटी है।

"खोए हुए श्रोता"

"खोए हुए श्रोता" शारीरिक दृष्टि से तो मौजूद रहते हैं, लेकिन मानसिक रूप से नहीं रहते। उनके चेहरे के सूने भाव से आप यह बात समझ सकते हैं। वे या तो दिवास्वप्न देख रहे होते हैं या किसी दूसरी चीज के बारे में सोच रहे होते हैं, लेकिन आपकी बात नहीं सुन रहे होते हैं।

यदि आप "खोए हुए श्रोता" हैं, तो अच्छे श्रोता की तरह काम करें। चौकस बनें। आँखों का संपर्क कायम रखें। आगे झुकें और प्रश्न पूछकर रुचि दिखाएँ।

यदि आप "खोए हुए श्रोताओं" से बात कर रहे हैं, तो कभी-कभार जाँच करके पूछ लें कि क्या वे आपकी बात समझ गए हैं। "बेचैन श्रोता" की तरह ही यहाँ भी ऐसे कथन से शुरुआत करें, जो उनका ध्यान आकर्षित कर ले, संक्षिप्त व बिंदुवार रहें, क्योंकि वे ज्यादा समय तक एक चीज पर ध्यान केंद्रित नहीं कर सकते।

"टोकने वाले श्रोता"

ये लोग किसी भी समय बीच में कूदने को तैयार रहते हैं। वे उकड़ूँ बैठे रहते हैं और आपकी बात में आने वाले जरा से भी विराम के लिए तैयार रहते हैं, ताकि वे आपका वाक्य पूरा कर दें। वे आपकी बात नहीं सुन रहे होते हैं, बल्कि इसके बजाय उनका ध्यान तो इस बात पर केंद्रित होता है

कि वे क्या कहना चाहते हैं।

यदि आप "टोकने वाले श्रोता" हैं, तो आपको यह ध्यान रखना चाहिए कि आप जब भी किसी की बात काटें, तो हर बार क्षमा माँग लें। इससे आप इस स्थिति के बारे में ज्यादा सतर्क रहेंगे।

यदि आप टोकने वाले श्रोता से बात कर रहे हैं, तो उनके बीच में कूदते ही तुरंत ठहर जाएँ और उन्हें बोलने दें, वरना वे आपकी बात कभी नहीं सुनेंगे। उनकी बात पूरी होने पर आप यह कह सकते हैं, "जैसा मैं पहले कह रहा था..." ताकि वे समझ जाएँ कि उन्होंने बीच में टोक दिया था। फिर वे अपना ध्यान आपकी कही बातों पर केंद्रित कर सकते हैं।

"भावहीन श्रोता"

ये लोग अलग-थलग रहते हैं और सुनते समय बहुत कम भाव दिखाते हैं। वे यह आभास देते हैं कि आप जो बोल रहे हैं, उस बारे में उन्हें जरा भी परवाह नहीं है।

यदि आप "भावहीन श्रोता" हैं, तो सिर्फ शाब्दिक संदेश पर नहीं, बल्कि पूरे संदेश पर ध्यान केंद्रित करें। अपने आँख-कान और हृदय से सुनने की याद रखें।

यदि आप "भावहीन श्रोता" से बात कर रहे हैं, तो अपने विचारों को नाटकीय दृश्य बनाकर पेश करें और उन्हें बातचीत में शामिल करने के लिए सवाल पूछे।

"लड़ाकू श्रोता"

ये लोग हथियारबंद होते हैं और लड़ाई के लिए तैयार होते हैं। उन्हें बहस करने और दूसरों को दोष देने में मजा आता है।

अगर आप "लड़ाकू श्रोता" हैं, तो आपको खुद को वक्ता की जगह पर रखने की कोशिश करनी चाहिए और उसके दृष्टिकोण को समझना व स्वीकार करना चाहिए और उसमें अच्छी चीज खोजनी चाहिए।

आप जब इस तरह के श्रोता के साथ पेश आ रहे हैं और वह असहमत होता है या किसी को दोष देता है, तो पीछे के बजाय आगे देखें। जाहिर है, यदि आलोचना सही है, तो उसे धन्यवाद दें और उचित क़दम उठाएँ। यदि

आलोचना सही नहीं है, तो बहस करने के बजाय उसे बता दें कि आप उसके सुझावों की कद्र करते हैं और फिर अपना बचा हुआ संदेश दें।

"विश्लेषक श्रोता"

ये लोग लगातार परामर्शदाता या मनोचिकित्सक की भूमिका निभाते हैं और जवाब देने के लिए तैयार रहते हैं, भले ही आपने उनकी राय न माँगी हो। वे खुद को बेहतरीन श्रोता मानते हैं और सबकी मदद करना चाहते हैं। वे लगातार विश्लेषणात्मक मानसिकता में रहते हैं और उनकी अवस्था "इसे सही करो" की रहती है।

यदि आप "विश्लेषक" हैं, तो आरामदेह रहें और यह समझ लें कि हर व्यक्ति जवाब, समाधान या सलाह नहीं चाहता है। कुछ लोग बस अपने विचारों को यूँ ही उछालते हैं, ताकि वे खुद जवाबों को ज्यादा स्पष्टता से समझ सकें।

यदि आप किसी विश्लेषक से पेश आ रहे हैं, तो आप यह कहकर शुरू कर सकते हैं, "मुझे बस अपने दिल से कुछ गुबार निकालना है। मैं किसी सलाह की तलाश नहीं कर रहा हूँ।"

"रुचिवान श्रोता"

"रुचिवान श्रोता" चेतन रूप से जागरूक श्रोता होते हैं। वे अपने आँख-कान और हृदय से सुनते हैं तथा खुद को वक्ता की जगह पर रखने की कोशिश करते हैं। यह सुनने का सर्वोच्च स्तर है। उनकी सुनने की योग्यताएँ आपको बोलने के लिए प्रोत्साहित करती हैं और आपको अपने खुद के समाधान खोजने तथा अपने विचार प्रकट करने का अवसर देती हैं।

बॉडी लैंग्वेज पर निगाह रखें : रखें हम सभी सिर्फ अपने बोले गए शब्दों से ही जानकारी नहीं देते हैं। हमारे शरीर की भाव-भंगिमाएँ अक्सर हमारी बोली गई बातों का अर्थ बदल देती हैं। हमारे चेहरे के हाव-भाव, हमारी मुद्राएँ, हमारे बैठने या खड़े होने का अंदाज - हर चीज अर्थपूर्ण होती है।

कितना अच्छा हो, अगर हम बॉडी लैंग्वेज की डिक्शनरी खरीद सकें, जो हमें बता सके कि हर मुद्रा या अभिव्यक्ति का क्या अर्थ होता है? तब

हम यह व्याख्या कर सकते हैं कि हर व्यक्ति सचमुच क्या कह रहा है।

कुछ लोगों ने ऐसी "डिक्शनरी" लिखने की कोशिश की है, जिसमें अलग-अलग "संकेतों" की सूची बनाकर उनके अर्थ दिए गए हैं। मिसाल के तौर पर, सामने वाला व्यक्ति अपनी ठुड्डी थपथपाता है। इसका क्या मतलब हो सकता है? "आह! मैं समझ गया, वह स्थिति पर विचार कर रहा है।" देखिए, यह सचमुच हो सकता है कि वह इस पर विचार कर रहा हो, लेकिन इसका यह मतलब भी हो सकता है कि उसने आज सुबह दाढ़ी नहीं बनाई हो, इसलिए अपनी ठुड्डी खुजा रहा है।

हमारे सामने बैठी युवती सामने हाथ बाँधकर बैठी है। कुछ "विशेषज्ञ" इसकी व्याख्या यह करते हैं कि वह खुद को सीमित कर रही है, हमें बाहर रखना चाहती है और हमें अस्वीकार कर रही है। बकवास! किसी क्लास, लेक्चर या नाटक में लोगों से भरे कमरे को देखें। आप देखेंगे कि बहुत सारे लोग हाथ बाँधकर बैठे हैं। क्या इसका मतलब यह है कि वे शिक्षक या अभिनेताओं को अस्वीकार कर रहे हैं? जाहिर है नहीं। यह बैठने का आरामदेह तरीका है और अगर हमें ठंड लग रही है, तो इससे हमारा शरीर गरम रहता है। दूसरी ओर, यदि बातचीत के बीच में सामने वाला अचानक अपनी बाँहें सामने बाँध ले, तो इसका मतलब यह हो सकता है कि उस बिंदु पर वह हमसे असहमत है।

कोई भी सर्वव्यापी बॉडी लैंग्वेज नहीं है : इसका यह मतलब नहीं है कि हम बॉडी लैंग्वेज को नहीं पढ़ सकते। इसका मतलब तो बस यह है कि कोई भी सर्वव्यापी बॉडी लैंग्वेज नहीं है। विचारों और भावनाओं को व्यक्त करने का हर व्यक्ति का अपना अलग तरीका होता है।

ऐसा क्यों होता है? बॉडी लैंग्वेज काफी हद तक सीखा हुआ गुण होता है। हममें दूसरों की नकल करने की प्रवृत्ति होती है और हम अपनी बॉडी लैंग्वेज आम तौर पर अपने माता-पिता से सीखते हैं। अक्सर हमारी प्रजातीय पृष्ठभूमि से भी इसका करीबी संबंध होता है। मिसाल के तौर पर, दो लड़के डेट्रॉयट, मिशिगन में पैदा होते हैं, लेकिन उनके माता-पिता दो अलग-अलग देशों से अमेरिका आकर बसे हैं। एक परिवार ऐसे देश से आया था, जहाँ लोग भाव-भंगिमाओं के साथ खुद को व्यक्त करते थे। इंसान अपने हाथों

का इस्तेमाल किए बिना भाषा नहीं बोल सकता था। दूसरा परिवार एक ऐसे देश से आया था, जहाँ कोई भी भाव-भंगिमाओं का इस्तेमाल नहीं करता था, जब तक कि वह बहुत भावुक न हो। दोनों लड़के हाई स्कूल में पहली बार मिले। पहला लड़का अपने सामान्य तरीके से किसी स्थिति पर बातचीत कर रहा था। उसके हाथ लगातार हिल रहे थे। दूसरे लड़के ने सोचा, "हे भगवान, वह इस बारे में रोमांचित है।" फिर उसने अपने सामान्य शांत अंदाज में प्रतिक्रिया की और पहले लड़के ने मन ही मन सोचा, "उसकी तो रुचि भी नहीं है।"

सांस्कृतिक भिन्नताएँ गैर-शाब्दिक संप्रेषण के तरीके को भी प्रभावित करती हैं। न्यूयॉर्क सिटी में एक हाई स्कूल के कैफेटेरिया से पैसे की चोरी के बाद प्राचार्य ने उन सभी विद्यार्थियों से पूछताछ की, जो कैश रजिस्टर तक पहुँच सकते थे। बातचीत के बाद वे इस नतीजे पर पहुँचे कि चोरी एक लैटिन अमेरिकी लड़की ने की थी और उन्होंने उसे निलंबित कर दिया। इस मामले में एक सामाजिक कार्यकर्ता ने प्राचार्य से संपर्क किया और पूछा कि उन्हें वह चोर क्यों लगी। प्राचार्य ने कहा, "बाकी सभी विद्यार्थियों ने सीधे मुझसे नजरें मिलाकर कहा कि उन्होंने यह नहीं किया। इस लड़की ने सीधे मुझसे निगाह नहीं मिलाई। पूरी बातचीत के दौरान वह अपने पैरों की तरफ देखती रही। वह स्पष्ट रूप से अपराधी है।"

सामाजिक कार्यकर्ता ने उन्हें जानकारी दी, "प्राचार्य महोदय, हर सभ्य लैटिन अमेरिकी लड़की को यह सिखाया जाता है कि वह प्राचार्य जैसे उच्च पदस्थ व्यक्ति से कभी नजर न मिलाए, बल्कि उनसे बात करते समय जमीन को देखे।" लड़की का व्यवहार उसकी सांस्कृतिक परवरिश का परिणाम था, जिसकी प्राचार्य ने गलत व्याख्या कर ली।

इसी तरह, बॉडी लैंग्वेज का तरीका पारिवारिक आदतों से भी तय हो सकता है। जब कोई ईस्थर के परिवार के किसी सदस्य से बात करेगा, तो वे बार-बार सिर हिला कर जवाब देंगे । हममें से ज्यादातर इसकी व्याख्या करके यह मतलब निकालेंगे कि सिर हिलाने वाला व्यक्ति हमारी बात से सहमत हो रहा है। लेकिन जैसा ईस्थर ने बताया, इसका यह मतलब था कि वे तो बस संकेत दे रहे थे कि उन्होंने बात सुन ली है।

हर व्यक्ति के गैर-शाब्दिक संकेतों का अध्ययन करें : यदि बॉडी लैंग्वेज संप्रेषण का महत्त्वपूर्ण पहलू है, तो क्या कोई ऐसा तरीका है, जिससे हम इसे पढ़ना सीख सकते हैं? बॉडी लैंग्वेज समझने की कोई शत-प्रतिशत सटीक नीति नहीं है, लेकिन किसी व्यक्ति को जानने के बाद हम उसकी गैर-शाब्दिक क्रियाओं व प्रतिक्रियाओं की अच्छी व्याख्या कर सकते हैं। जब हम उन्हीं लोगों से बार-बार मिलते हैं, तो सावधानी से अवलोकन करके हम हर व्यक्ति की बॉडी लैंग्वेज को पढ़ना सीख सकते हैं। हम गौर करते हैं कि जब क्लॉडिया हमसे सहमत होती है, तो उसमें आगे झुकने की प्रवृत्ति होती है और जब पॉल सहमत होता है, तो वह अपना सिर दाईं तरफ झुकाता है। हम अवलोकन करते हैं कि हम चाहे जो कहें, ईस्थर सिर हिलाती रहती है, लेकिन जब वह किसी चीज के बारे में निश्चित नहीं होती, तो उसके चेहरे पर उलझन का भाव होता है, हालाँकि उसका सिर बराबर हिलता रहता है।

जिन लोगों के साथ हम संप्रेषण करते हैं, उनमें से प्रत्येक के बारे में सावधानीपूर्वक मानसिक नोट्स लेकर हम उनके गैर-शाब्दिक संकेतों को समझ सकते हैं और उनकी सही तरीके से व्याख्या कर सकते हैं। कुछ समय बाद हम यह गौर कर सकते हैं कि कुछ मुद्राएँ या अभिव्यक्तियाँ उन लोगों में ज्यादा आम हैं, जिनके साथ हम संप्रेषण करते हैं। इनसे हम कुछ आम निष्कर्ष निकाल सकते हैं, जिनका इस्तेमाल हम अजनबियों से पेश आते समय कर सकते हैं, लेकिन हमें सावधान रहना चाहिए कि हम आम व्याख्याओं पर जरूरत से ज्यादा विश्वास न करें - सबसे अच्छा यह रहता है कि किसी के साथ अच्छा अनुभव हासिल करने के बाद ही उसकी बॉडी लैंग्वेज के संबंध में मान्यताएँ बनाई जाएँ।

जब बॉडी लैंग्वेज बोले गए शब्दों के विरोध में या विपरीत दिखती है या हमें यकीन नहीं होता है कि भेजे जाने वाले संकेत का सचमुच क्या अर्थ है, तो सवाल पूछ लें। उस व्यक्ति से पूछे कि उसका वास्तविक आशय क्या है। अच्छे सवाल पूछकर हम गैर-शाब्दिक कार्यों से उत्पन्न शंकाओं से उबर सकते हैं और उनसे निबट सकते हैं।

अच्छे श्रोता इस बात को पहचानते हैं कि संवाद दोतरफा रेडियो जैसा होता है। वक्ता श्रोता को एक संदेश भेजता है और श्रोता प्रतिक्रिया करता

है। उस पल श्रोता वक्ता बन जाता है और वक्ता श्रोता। चाहे संवाद मित्रों और परिवार वालों के साथ हो, सामाजिक और सामुदायिक गतिविधियों में हो या नौकरी में हो, अपने सभी संवादों में हम वक्ता से श्रोता और दोबारा वक्ता की भूमिका लगातार बदलते रहते हैं। जब तक हम यह नहीं पहचान लेते कि हम हमेशा यह दोहरी भूमिका निभा रहे होते हैं। यदि हम ऐसा नहीं करते, तो हमारे संदेश एक व्यक्ति के भाषण में बदल सकते हैं और कोई सच्चा संवाद नहीं होगा।

किसी रेडियो वार्तालाप की तरह ही वक्ता के रेडियो और श्रोता के रेडियो के बीच गड़बड़ी हो सकती है, जिस वजह से संदेश विकृत हो जाता है। वे संदेश को फिल्टर कर देते हैं, जिससे उन्हें हूबहू वही संदेश नहीं मिल पाता, जो भेजा गया था। इसके होने की ज्यादा आशंका तब होती है, जब संदेश लंबा हो या जटिल मसलों से संबंधित हो। ये विकृतियाँ वक्ता या श्रोता किसी की वजह से भी हो सकती हैं।

क्या संदेश ग्रहण हो गया है?

संवाद में हम कभी वक्ता, तो कभी श्रोता होते हैं। हमें अच्छा श्रोता बनना चाहिए, सिर्फ तभी नहीं जब हम सुन रहे हों, बल्कि तब भी जब हम कोई संदेश भेजते हैं। हमें सुनिश्चित करना चाहिए कि सामने वाले ने हमारी कही बात सुन और समझ ली है।

यह इस तरह काम करता है : वक्ता श्रोता को एक संदेश भेजता है; श्रोता प्रतिक्रिया करता है। जब यह प्रतिक्रिया प्राप्त होती है, तो वक्ता जो अब श्रोता बन गया है, इस प्रतिक्रिया को उस कंप्यूटर के जरिये फिल्टर करता है, जो हम सभी के कानों के बीच होता है, जिसकी प्रोग्रामिंग उन संकेतों का पता लगाने के लिए हुई है कि संदेश को किस तरह प्राप्त किया गया है। यदि भेजा गया संदेश प्राप्त हुए संदेश से अलग है, तो अगले संदेश में गलती को सुधारा जा सकता है।

मायरा : "माइक, मुझे यह जानने की जरूरत है कि कितने उपकरण उपलब्ध हैं, कितनी सामग्री स्टॉक में है, समय के अनुमान क्या हैं और प्रोजेक्ट में किन लोगों को लगाया जाएगा?" माइक : "हमारे पास जरूरत

का सारा सामान है और हम सोमवार को काम शुरू कर सकते हैं।"

मायरा : "अच्छी बात है, लेकिन मैंने अभी-अभी जिन चीजों का जिक्र किया है, उनमें से प्रत्येक पर मुझे आँकड़े चाहिए, ताकि मैं अपनी रिपोर्ट लिख सकूँ।"

जब माइक ने मायरा का संदेश प्राप्त किया, तो उसकी मानसिकता काम शुरू करने पर केंद्रित थी। मायरा का उद्देश्य रिपोर्ट बनाने के लिए जानकारी हासिल करना था। संवाद के उद्देश्य की अलग-अलग अनुभूतियों से संदेश विकृत हो गया था। यह गड़बड़ी मायरा की अगली प्रतिक्रिया से सुधर गई। उसने संदेश को समझ लिया और उस पर काम किया।

प्रश्न पूछें

इन सारे संकेतों को पकड़ना हमेशा आसान नहीं होता। इसे बढ़ावा देने के लिए प्रश्न पूछे। हर चार-पाँच आदान-प्रदानों के बाद अब तक हुई चर्चा के बारे में प्रश्न पूछे :

"अगर हम इसे इस तरह करते हैं, तो आपके हिसाब से कौन-सी समस्याएँ आ सकती हैं?"

"आपके लोगों को यह चरण पूरा करने के लिए कितने अतिरिक्त समय की जरूरत होगी?" जो जवाब मिलेगा, उससे आप अतिरिक्त संकेत पकड़ लेंगे और आवश्यक फेरबदल कर लेंगे।

जब जटिल मसले शामिल हों, तो यह सुनिश्चित करने के लिए कि संवाद ग्रहण कर लिया गया है और समझ लिया गया है, मुख्य बिंदुओं के बारे में कुछ विशिष्ट प्रश्न पूछे। इससे समस्या क्षेत्र जल्द ही पहचाने जा सकते हैं और बात को तुरंत स्पष्ट किया जा सकता है।

गैर-शाब्दिक संकेतों पर निगाह रखें

एक तकनीकी कंपनी की चीफ इंजीनियर डॉ. किम पी. कहती हैं, "मेरे कर्मचारी पेशेवर और अपने क्षेत्र में बहुत ज्ञानी हैं। उनमें मुझसे बहुत आगे निकल जाने की प्रवृत्ति है। मैं क्या कहने वाली हूँ, वे इसका अनुमान पहले से ही लगा लेते हैं। अक्सर उनके अनुमान सही होते हैं, लेकिन कई बार मेरी बात पूरी होने से पहले ही वे मेरी बात सुनना छोड़ देते हैं और मान लेते हैं कि वे जानते हैं

कि मैं उन्हें क्या बताने वाली हूँ। इससे उबरने के लिए मैं उनकी गैर-शाब्दिक भाषा को - उनकी आँखें, उनके चेहरे के हाव-भाव, उनकी बॉडी लैंग्वेज - गौर से देखती हूँ। अगर मुझे ऐसा लगता है कि वे नहीं सुन रहे हैं, तो मैं कुछ पल के लिए चुप हो जाती हूँ और इसके बाद अपनी कही बात पर एक विशिष्ट प्रश्न पूछती हूँ। इससे वे पटरी पर लौट आते हैं।"

लोरेन कई कर्मचारियों की सुपरवाइजर है, जो अंग्रेजी भाषा की ज्यादा समझ नहीं रखते हैं। फीडबैक के लिए वह बॉडी लैंग्वेज पर निर्भर रहती है। वह कहती है, "अगर मैं उनके चेहरे पर सूना भाव या गहरी त्योरी देखती हूँ, तो मैं समझ जाती हूँ कि मेरा संदेश उन तक नहीं पहुंच पाया है। मैं अपने संदेश को ज्यादा आसान शब्दों में दोहराती हूँ और गैर-शाब्दिक अंदाज में दर्शाती हूँ कि क्या किया जाना है।"

जब आप श्रोता हों : आपका बॉस आपको निर्देश दे रहा है और आपको पक्का नहीं पता कि वह क्या चाहता है। अपने खुद के फीडबैक चक्र को बनाएँ। प्रश्न पूछे। चर्चा के खत्म होने का इंतजार न करें, जब वह पूछे, "क्या आप कोई सवाल पूछना चाहते हैं?" पूरी बातचीत के दौरान कही गई बातों के बारे में सही समय पर प्रश्न पूछते रहें।

यह संक्षिप्त व्याख्या के रूप में हो सकता है : "तो आप इसे इस तरह कराना चाहते हैं..." और फिर अपने शब्दों में दोहराएँ कि आपने निर्देश को किस तरह समझा है। यदि आपकी व्याख्या गलत है, तो वह इसे दुरुस्त कर देगा और यदि यह सही है, तो त्वरित अनुमोदन से इसकी पुष्टि हो जाएगी।

कुछ मामलों में किसी विशिष्ट बिंदु पर विशिष्ट प्रश्न से आपकी व्याख्या बढ़ जाएगी और आप कई गलतियों से बच जाएँगे। चर्चा के अंत में न सिर्फ आपके पास यह स्पष्ट तसवीर होगी कि क्या करना है, बल्कि आपके बॉस को भी यह तसल्ली होगी कि आप समझ गए हैं।

7
अध्याय

भावनाएँ नियंत्रित करें

शोध दर्शाता है कि कारोबार में सकारात्मक ऊर्जा और भावनात्मक नियंत्रण के फलस्वरूप ये चीजें हासिल होती हैं : उच्च उत्पादकता, चतुराई भरे निर्णय, कर्मचारियों के रुकने की ज्यादा दर, अच्छा मनोबल और प्रबल टीमवर्क। ऑफिस की तरह ही घर पर भी यही परिणाम मिलते हैं। अध्ययनों ने दर्शाया है कि किसी समूह के ईक्यू को बढ़ाने से मुनाफे पर सकारात्मक प्रभाव पड़ता है। अच्छी बात यह है कि हमारा आईक्यू तो वयस्कता की शुरुआत में ही तय हो जाता है, लेकिन ईक्यू को जीवन भर बढ़ाया जा सकता है।

हम जैसा सोचते हैं, हम जैसा महसूस करते हैं और हम जैसा व्यवहार करते हैं, इसके बीच के संबंध को समझना कई बार इतना आसान नहीं होता है। इसीलिए हमारे वर्तमान भावनात्मक फिटनेस स्तर को पहचानने से बहुत मदद मिलती है। हमारी भावनाएँ और "हॉट बटन" हमारे प्रदर्शन को कैसे

प्रभावित करते हैं, यह जानना बहुत सहायक होता है। मुश्किल स्थितियों में सकारात्मक ऊर्जा और भावनाओं के नियंत्रण को बरकरार रखने की सलाहों पर अमल करने से मदद मिलती है।

भावनात्मक बुद्धि सक्षमता

इमोशनल इन्टेलिजेन्स और वर्किंग विद इमोशनल इन्टेलिजेन्स के लेखक डेनियल गोलमैन ईआई की परिभाषा इस तरह देते हैं : "अपनी खुद की और दूसरों की भावनाओं को पहचानने की क्षमता, खुद को प्रेरित करने की क्षमता और खुद में तथा अपने संबंधों में भावनाओं का प्रबंधन करने की क्षमता।"

डलास स्थित मानव संसाधन जोखिम प्रबंधन कंपनी जीरोरिस्क एचआर, इन्कॉर्पोरेटेड के वाइस प्रेसिडेंट माइक पोस्की ने पाँच सक्षमताएँ बताई हैं, जो ऑफिस में सफल बनाती हैं। पहली दो का संबंध इस बात से है कि हम संबंधों का प्रबंधन किस तरह करते हैं। आखिरी तीन का संबंध इस बात से है कि हम अपना प्रबंधन किस तरह करते हैं।

1. **सहज ज्ञान और परानुभूति :** दूसरों की भावनाओं, आवश्यकताओं और चुनौतियों के बारे में हमारी जागरूकता। यह सक्षमता कार्यस्थल में महत्त्वपूर्ण है, क्योंकि :-

- यह दूसरों की भावनाएँ और दृष्टिकोण समझने में हमारी मदद करती है। इसकी बदौलत हम यह भाँप लेते हैं कि विकास करने और उनकी शक्ति के क्षेत्र में माहिर होने के लिए दूसरों को क्या जरूरत है।
- यह ग्राहकों की आवश्यकताओं को भाँपने, पहचानने और पूरा करने की अनुमति देकर हमारी ग्राहक सेवा को बेहतर बनाती है।
- यह एक विविधतापूर्ण कार्यस्थल में संवेदनशील बनने और उसका लाभ लेने की योग्यता को बेहतर बनाती है।

2. **सामाजिक योग्यताएँ और सही कथन :** दूसरों से मनचाही प्रतिक्रियाएँ हासिल करने की हमारी योग्यता। यह सक्षमता कार्यस्थल में महत्त्वपूर्ण है, क्योंकि :-

- यह स्पष्ट और विश्वसनीय संदेश भेजकर दूसरों के साथ प्रभावी संवाद करने, उन्हें प्रभावित करने और किसी काम के लिए राजी

करने में हमारी मदद करती है।

- यह हमारी नेतृत्व योग्यताओं व टीमवर्क को बेहतर बनाती है। यह परिवर्तन का प्रबंधन करने, सौदेबाजी करने, संघर्ष को सुलझाने, सर्वसम्मति हासिल करने और सहयोग की हमारी योग्यता को बेहतर बनाती है।

3. **आत्म-जागरूकता** : किसी की वरीयताओं, संसाधनों और सहज बोध को समझना। यह सक्षमता कार्यस्थल में इसलिए महत्त्वपूर्ण है, क्योंकि :-

- यह अपनी भावनाओं और आस-पास के लोगों पर उनके प्रभाव को पहचानने की हमारी योग्यता को बेहतर बनाती है।
- यह अपनी शक्तियों और सीमाओं का आकलन करने, समझने और स्वीकार करने में हमारी मदद करती है।
- यह हमारे आत्मविश्वास और आत्म-गौरव को बढ़ाती है।

4. **आत्म-प्रबंधन** : अपनी आंतरिक अवस्थाओं, भावनाओं और संसाधनों का प्रबंधन करना। यह सक्षमता कार्यस्थल में इसलिए महत्त्वपूर्ण है, क्योंकि:-

- यह नकारात्मक भावनाओं का प्रबंधन करके हमारे आत्म-नियंत्रण को बेहतर बनाती है।
- यह विश्वास हासिल करने और जवाबदेह ठहराए जाने की हमारी योग्यता को बढ़ा देती है।
- यह हमारे लचीलेपन और परिवर्तन, नए विचारों तथा नई जानकारी के साथ आरामदेह बने रहने को बेहतर बनाती है।

5. **स्व-अपेक्षाएँ और प्रोत्साहन** : ये भावनात्मक प्रवृत्तियाँ मार्गदर्शन करती हैं या लक्ष्यों तक पहुँचने को सुगम बनाती हैं। यह सक्षमता कार्यस्थल में इसलिए महत्त्वपूर्ण है, क्योंकि :-

- यह हमारे खुद के बनाए उत्कृष्टता के पैमाने को हासिल करने के लिए सतत प्रयास करने और समर्पित होने में हमारी मदद करती है।
- यह खुद को तथा दूसरों को प्रेरित करने की हमारी योग्यता को बढ़ा देती है। बाधाएँ सामने आने पर यह आशावादी बने रहने में हमारी मदद करती है।
- यह खुद शुरू करने वाला और आत्म-प्रेरित बनकर पहल करने की

हमारी योग्यता को बेहतर बनाती है।

जीरोरिस्क एचआर की अनुमति से भावनात्मक बुद्धि कोशिएंट के बारे में ज्यादा जानकारी। ईक्यू के चार स्तंभ ये हैं :-

- आत्म-जागरूकता
- आत्म-प्रबंधन
- सामाजिक जागरूकता
- संबंध प्रबंधन

ईक्यू के बारे में रोचक शोध और तथ्य :-

- हम भावनात्मक दृष्टि से ज्यादा जागरूक बनना सीख सकते हैं और भावनाओं के प्रबंधन में परिपक्व हो सकते हैं।
- आत्म-जागरूकता के मामले में महिलाओं और पुरुषों के स्कोर समान रहते हैं, लेकिन संबंध प्रबंधन में महिलाओं का स्कोर ज्यादा होता है।
- हर पेशे में सर्वश्रेष्ठ प्रदर्शन करने वालों का ईक्यू सर्वोच्च होता है।
- उच्च ईआई और ईक्यू उच्च उत्पादकता से सीधे जुड़े होते हैं।
- शोध उच्च ईआई और स्वास्थ्य के बीच संबंध दर्शाता है। यदि आप अपनी भावनाओं के संपर्क में हैं और जानते हैं कि उनसे उचित रूप से कैसे निबटा जाता है, तो आप कम तनाव में रहते हैं। जो लोग अपनी भावनाओं के स्वामी हैं, वे किसी विपरीत परिस्थिति के होने पर भी बेहतर स्थिति में रहते हैं।

भावनात्मक बुद्धि बढ़ाने से कारोबार में फायदा?

- हे ग्रुप ने 44 फॉर्च्यून 500 कंपनियों के एक अध्ययन में बताया है कि ऊँचे ईक्यू वाले सेल्सपीपल ने औसत या औसत से कम स्कोर वाले सेल्सपीपल की तुलना में दोगुनी आमदनी हासिल की।
- एक अन्य अध्ययन में यह पाया गया कि जो तकनीकी प्रोग्रामर भावनात्मक बुद्धि सक्षमता के शीर्ष दस प्रतिशत में थे, वे कम सक्षमता वाले प्रोग्रामरों की तुलना में तीन गुना ज्यादा तेजी से सॉफ़टवेयर विकसित कर रहे थे।
- डलास कॉरपोरेशन द्वारा आयोजित एक हालिया अध्ययन में यह पाया

गया कि भावनात्मक बुद्धि के कम स्कोर वाले और ज्यादा स्कोर वाले कर्मचारियों के बीच उत्पादकता का अंतर बीस गुना था।

- निर्माण उद्योग के एक अन्य अध्ययन ने यह परिणाम बताया कि कम भावनात्मक बुद्धि वाले कर्मचारियों के काम करते समय चोट पहुँचने की ज्यादा आशंका रहती है।

डेल कारनेगी की सलाहें

- भावना को पहचानें और यह पता लगाएँ कि इसे महसूस करने का क्या कारण था।
- हम जो महसूस कर रहे हैं, उसे शांत अंदाज में व्यक्त करें।
- अपनी भावनाओं से आहत नहीं होने दें।
- एक जर्नल रखें।
- मुश्किल सामने आने पर पूछें, "सबसे बुरा क्या हो सकता है?" सबसे बुरे को स्वीकार करें और स्थिति को बेहतर बनाने की कोशिश करें। जब कोई भावनात्मक स्थिति उत्पन्न हो, तो खुद से पूछें : -
  - भावना क्या है?
  - भावना के कारण क्या हैं?
  - संभावित प्रतिक्रियाएँ क्या हैं?
  - सबसे समझदारी भरी प्रतिक्रिया क्या है?
- द्वेष नहीं पालें या हिसाब बराबर करने की कोशिश में समय बरबाद नहीं करें। मनोदशा के झूलों में नहीं झूलें। विश्वास बनाने के लिए विविध परिस्थितियों में एकरूपता से काम करें।
- अपने कार्यस्थल को व्यवस्थित करके तनाव को खत्म करें - चीजों का ढेर नहीं लगने दें। व्यस्त रहें।
- अपने युद्ध चुनें - चीजों को सही परिप्रेक्ष्य में रखें और छोटी-छोटी बातों का बतंगड़ नहीं बनाएँ। अवश्यंभावी के साथ सहयोग करें - अतीत के बारे में चिंता नहीं करें; इसके बजाय भविष्य पर ध्यान केंद्रित करें।
- अपनी नियामतें गिनें। सही खाकर, व्यायाम करके और पर्याप्त नींद लेकर स्वस्थ रहें। हास्य की सहायता से राहत के पल खोजें और अक्सर हँसें।
- दूसरों को दें। सकारात्मक लोगों से मेलजोल करें। खुद को संतुष्ट करें - लेकिन अति नहीं करें।
- दिमाग वाले बनें। अपने विचारों और भावनाओं पर पकड़ हासिल करें।

हमारे दिमाग में जो भी चल रहा है, उसे बताने के लिए एक नोट या ईमेल लिखें। इसे नहीं भेजें।

- राय माँगें। किसी निष्पक्ष व्यक्ति को स्थिति बताएँ और ईमानदार दृष्टिकोण माँगें। शारीरिक राहत खोजें। कमरे से बाहर निकलें। पैदल टहलें या किसी शारीरिक गतिविधि में हिस्सा लें।
- मनन करें। सामने वाले के दृष्टिकोण से स्थिति को देखें और सोचें कि इसमें हमारा योगदान कितना हो सकता है।

8
अध्याय

विश्वास और दृढ़ता से बात करें

क्या जरा-सा भी कारण है कि आप बैठकर जितनी अच्छी तरह सोच सकते हैं, किसी श्रोतासमूह के सामने खड़े होकर उतनी अच्छी तरह नहीं सोच सकते? क्या जरा-सा भी कारण है कि जब आप उठकर श्रोताओं को संबोधित करते हैं, तो आपके पेट में अजीब गुदगुदी होने लगती है और आप "कँपकँपी" के शिकार हो जाते हैं। निश्चित रूप से आपको अहसास होता है कि इस परिस्थिति का इलाज किया जा सकता है। प्रशिक्षण और अभ्यास आपके मन से श्रोताओं के सामने बोलने का डर दूर कर देगा तथा आपको आत्मविश्वास देगा।

तैयारी - सफल व्याख्यानों का पहला कदम

सार्वजनिक व्याख्यान देने के लिए अच्छी तैयारी अनिवार्य है। यह कारोबारी स्थिति में कैसे किया जाए, इस पर अगले अध्याय में बातचीत की जाएगी। बहरहाल, अगर हमसे अपने बेटे या बेटी की क्लास में,

किसी सामाजिक संगठन की सभा में या किसी अन्य समूह के सामने बोलने को कहा जाए और हमें कोई विषय चुनना हो, तो सर्वश्रेष्ठ विकल्प किसी ऐसी चीज के बारे में बात करना है, जिसे हम जानते हैं और काफी अच्छी तरह जानते हैं। किसी व्याख्यान की तैयारी में दस मिनट या दस घंटे न लगाएँ : दस सप्ताह या दस महीने लगाएँ - इससे भी बेहतर है, दस साल लगाएँ।

किसी ऐसी चीज के बारे में बोलें, जिसमें हमारी गहरी रुचि है। किसी ऐसी चीज के बारे में बोलें, जिसे अपने श्रोताओं तक पहुँचाने की हमारी गहरी इच्छा है।

डेल कारनेगी अपनी क्लास की एक सदस्य गे के से जुड़ी एक कहानी बताते हैं। गे जब तक कारनेगी के सार्वजनिक संभाषण कोर्स में नहीं आई थी, तब तक उसने लोगों के सामने कभी व्याख्यान नहीं दिया था।

वह दहशत में थी। उसे डर लग रहा था कि सबके सामने बोलना एक जटिल कला है. जिसमें माहिर होना उसके बूते की बात नहीं है। लेकिन कोर्स के चौथे सत्र में ही उसने बिना तैयारी के एक व्याख्यान देकर श्रोताओं को मंत्रमुग्ध कर लिया। उससे कहा गया कि वह "मेरे जीवन का सबसे बड़ा अफसोस" विषय पर बोले। गे ने बहुत ही मर्मस्पर्शी व्याख्यान दिया। श्रोताओं की आँखें भर आई थीं। यहाँ तक कि कारनेगी की आँखें भी डबडबा आईं। उसकी चर्चा इस तरह थी :

"मेरे जीवन का सबसे बड़ा अफसोस यह है कि मुझे कभी पता नहीं चला कि माँ का प्यार क्या होता है। जब मैं सिर्फ एक साल की थी, तभी मेरी माँ का देहांत हो गया। मुझे चाचियों और दूसरे रिश्तेदारों ने पाला, जो अपने खुद के बच्चे पालने में इतनी तल्लीन रहती थीं कि उनके पास मेरे लिए वक्त ही नहीं था। मैं उनमें से किसी के यहाँ भी ज्यादा समय नहीं रुकी। वे लोग हमेशा मुझे आते देखकर दु:खी होते थे और जाते देखकर खुश होते थे। उन्होंने मुझमें कभी रुचि नहीं ली और मुझे कभी प्रेम नहीं किया। मैं जानती थी कि मुझे कोई नहीं चाहता। बचपन में भी मैं इसे महसूस कर सकती थी। अकेलेपन की वजह से मैं अक्सर रोते-रोते सोती थी। मेरे दिल का सबसे बड़ा अरमान यह था कि कोई स्कूल में मेरा रिपोर्ट कार्ड देखने आए। लेकिन किसी ने भी ऐसा नहीं किया। किसी को परवाह ही नहीं थी।

मैं बचपन में बस प्रेम चाहती थी - और यह मुझे किसी से भी, कभी नहीं मिला।"

> सफल लोग अपनी गलतियों से फायदा उठाते हैं और एक अलग तरीके से दोबारा कोशिश करते हैं। -डेल कारनेगी

क्या गे ने इस व्याख्यान की तैयारी में दस साल लगाए थे? नहीं। उसने बीस साल लगाए थे। वह उस व्याख्यान देने की तैयारी तब से कर रही थी, जब वह बचपन में रोते-रोते सोती थी। वह इसकी तैयारी तब से कर रही थी, जब स्कूल में उसका रिपोर्ट कार्ड देखने के लिए किसी के न आने से उसका दिल दुःख जाता था। कोई हैरानी नहीं कि वह इस विषय पर बात कर सकती थी। वह अपने मन से बचपन की यादों को मिटा नहीं सकती थी। गे को अपने दिल की गहराई में रची-बसी दुःखद यादों और भावनाओं के भंडार तक पहुँचने की जरूरत थी। उसे उन्हें उभारने की जरूरत नहीं थी। उसे उस व्याख्यान पर मेहनत करने की जरूरत नहीं थी। उसे तो बस यह जरूरत थी कि वह अपनी दबी हुई भावनाओं और यादों को सतह तक उसी तरह आने दे, जिस तरह तेल किसी कुएँ से आता है।

अपरिचित विषय पर व्याख्यान तैयार करना

हमसे किसी ऐसे विषय पर बोलने को कहा जा सकता है, जिसके बारे में हमें बहुत कम अनुभव है या बिलकुल भी नहीं है। यह अक्सर कारोबारी प्रस्तुति के मामले में होता है। इनमें से ज्यादातर प्रस्तुतियों का उद्देश्य किसी से कोई काम कराना होता है - किसी ग्राहक से खरीदारी का वादा लेना, किसी लंबे प्रोजेक्ट के बीच में अगला कदम बताना, दिशा बदलने का निर्णय लेना - जो आम प्रस्तुतियों के उदाहरण हैं।

इसकी तैयारी करते वक्त अंत में जो काम हम अपने श्रोताओं से चाहते हैं, उसको दिमाग में रखकर शुरुआत करें और उस बिंदु से उलटे लौटते हुए काम करें। प्रस्तुति तैयार करते वक्त हम ऐसा उदाहरण/घटना खोजते हैं, जो ध्यान आकर्षित करे और हमारा मनचाहा काम कराने की दिशा में प्रेरित करे। किसी घटना को चित्रात्मक बनाकर हम दूसरों के व्यवहार को प्रभावित कर सकते हैं। यह वह प्रमाण होगा, जो श्रोताओं को विश्वास दिलाएगा कि उन्हें वह काम करना चाहिए। उदाहरण बताते समय हमें अपने अनुभव को

इस तरह बताना चाहिए, ताकि श्रोताओं पर वैसा ही प्रभाव पड़े, जैसा हम पर पड़ा था। इससे हमारे बिंदु स्पष्ट हो जाएँगे, गहरे बन जाएँगे और नाटकीय बन जाएँगे। वे हमारे श्रोताओं के लिए रोचक और मोहक भी बन जाएँगे।

फिर हमें शोध करके ज्यादा से ज्यादा जानकारी हासिल करनी चाहिए। अच्छी प्रस्तुति देने के लिए हमारे पास व्याख्यान में लगने वाली सामग्री से दस गुना ज्यादा जानकारी होनी चाहिए। अपने बिंदुओं के समर्थन में प्रमाण पेश करें। प्रमाण के प्रभावी इस्तेमाल पर अध्याय 6 में चर्चा की जाएगी।

अंत में, समापन की तैयारी करें। प्रस्तुति का अंत श्रोताओं को कर्म के लिए प्रोत्साहित करने के सर्वश्रेष्ठ तरीकों में से एक है। हम देखेंगे कि श्रोताओं के फायदे गिनाकर अपनी प्रस्तुति खत्म करने से लाभकारी परिणाम मिलते हैं।

शक्तिशाली व्याख्यानों का जादुई फॉर्मूला

हम एक सरल और आसानी से अमल करने वाली तीन कदमों की नीति का इस्तेमाल करके भटकाव भरे, असंबद्ध व नीरस व्याख्यानों से बच सकते हैं। यह जादुई ढंग से हमारी प्रस्तुति को जोशीले और शक्तिशाली व्याख्यान में बदल देती है।

जादुई फॉर्मूले में तीन कदम शामिल हैं :

घटना : उस बिंदु के बारे में किसी घटना या प्रसंग को बताना, जिसे हम रखना चाहते हैं। यह श्रोताओं का ध्यान आकर्षित करने और कायम रखने का अचूक तरीका है।

कर्म : फिर बताएँ कि हम अपने श्रोताओं से कौन–सा काम कराना चाहते हैं।

लाभ : अंत में यह बताएँ कि इस काम से श्रोताओं को कैसे लाभ होगा।

यदि हम दूसरों को राजी करना चाहते हैं, तो हमें खुद सजग और सजीव होना चाहिए। हमें ईमानदारी और उत्साह के साथ बोलना चाहिए। हमें इस तरह बोलना चाहिए, ताकि हमारे श्रोता यह महसूस करें कि हम अपने कहे हर शब्द पर विश्वास करते हैं।

घटना : अपनी रिपोर्ट हमेशा घटना से शुरू करें। क्यों? घटना हमारे श्रोताओं का ध्यान तुरंत खींच लेती है और यह हमारे संवाद को अधिक बातचीत जैसा बना देती है।

जादुई फॉर्मूले का इस्तेमाल करते समय यह सुनिश्चित करें कि हमारे कार्य और लाभ कदम दोनों ही संक्षिप्त, स्पष्ट और विशिष्ट हों। यह घटना किसी ऐसे अनुभव पर आधारित होती है, जिसने हमें एक सबक सिखाया। याद रखें, हमारे बिंदु को यह बताना चाहिए कि हम अपने श्रोताओं से कौन-सा कर्म कराना चाहते हैं। कार्य कदम जितना विशिष्ट होता है, उतना ही बेहतर होता है। स्पष्टता से संवाद करने के लिए एक विशिष्ट कार्य और एक विशिष्ट लाभ को पहचानें।

कर्म : जादुई फॉर्मूले के दूसरे कदम कर्म का मतलब है कि हम अपने श्रोताओं से क्या कराना चाहते हैं। यह हमारा प्रॉडक्ट खरीदना, सांसद को पत्र लिखना, धूम्रपान छोड़ना या विषय के बारे में ज्यादा सोचना हो सकता है। आप जितने समय तक संदेश देंगे, तैयारी में उससे कम से कम तीन गुना ज्यादा समय लगाएँ।

लाभ : जादुई फॉर्मूले के तीसरे कदम लाभ में यह बताया जाता है कि श्रोताओं को आपका बताया काम करने से कौन-से लाभ मिलेंगे।

मिसाल के तौर पर, "इस घटक का इस्तेमाल करने पर आपके (प्रॉडक्ट का नाम) के उत्पादन में लगने वाले समय और लागत दोनों में कमी हो जाएगी।"

"धूम्रपान छोड़ने से न सिर्फ हम ज्यादा स्वस्थ होंगे और ज्यादा जिएँगे, बल्कि इससे हमारे परिवार भी सेकेंड हैंड धूम्रपान के दुष्प्रभावों से बचेंगे।"

श्रोता के दृष्टिकोण से बोलें : परिवर्तन करने के लिए दूसरों को प्रेरित करने की हमारी योग्यता काफी हद तक अपने श्रोताओं के दृष्टिकोण से बोलने की योग्यता पर निर्भर करती है। प्रस्तुति की शुरुआत में ही हमें अपने श्रोताओं का विश्वास हासिल करना चाहिए। सकारात्मक ध्यान पाने और परिवर्तन की आवश्यकता स्थापित करने का काम जल्दी ही कर लेना चाहिए। कोई घटना बताना इसका प्रभावी तरीका है। विश्वास दिलाने के लिए

उन्हें वह प्रमाण दिखाएँ, जो उनके दृष्टिकोण से परिवर्तन की आवश्यकता का समर्थन करता हो। श्रोताओं को यह महसूस नहीं होना चाहिए कि परिवर्तन उन पर थोपा जा रहा है- उन्हें परिवर्तन को तार्किक विकल्प मानना चाहिए।

परिवर्तन की आवश्यकता स्थापित करने के बाद हम हर विकल्प के लाभ-हानि बताते हैं। हमें यह सुनिश्चित करना चाहिए कि विकल्पों पर हमारे श्रोताओं के दृष्टिकोण से विचार किया जाए और उन्हें विश्वसनीय तथा संतुलित अंदाज में पेश किया जाए।

हम अंत में प्रमाण के साथ सर्वश्रेष्ठ विकल्प का समर्थन करते हुए बताते हैं कि उन्हें कौन-सा काम करना है और इससे उन्हें क्या लाभ होगा। इस तरह हम अपने श्रोताओं को विशिष्ट परिवर्तन को स्वीकार करने के लिए प्रेरित करते हैं, जिससे वांछित परिणाम मिलेगा।

व्याख्यानों की तैयारी और प्रस्तुति कैसे करें

ये आठ सिद्धांत व्याख्यान तैयार करने में बहुत मदद करेंगे :

1. हम जो रोचक चीजें बताना चाहते हैं, उनके संक्षिप्त नोट्स लिखें।
2. व्याख्यान पूरा न लिखें। ऐसा करने पर हम बातचीत की सरल भाषा के बजाय लिखित भाषा का इस्तेमाल करेंगे। बोलते समय शायद हम अपने लिखे व्याख्यान को याद करने की कोशिश भी कर सकते हैं। इससे हम सहज और प्रभावशाली अंदाज में अपनी बात नहीं रख पाएँगे।
3. कभी किसी व्याख्यान को शब्द दर शब्द याद न करें। यदि हम किसी व्याख्यान को रटते हैं, तो यह तय है कि हम इसे बीच में कहीं पर भूल जाएँगे और श्रोता शायद इस बात से खुश होंगे, क्योंकि कोई भी रटारटाया भाषण नहीं सुनना चाहता। भले ही हम इसे न भूलें, लेकिन यह बात सबको समझ में आ जाएगी कि इसे रटा गया है। हमारी आँखों में दूरी का भाव होगा और हमारी आवाज में भी दूरी का पुट होगा।
4. यदि हमें यह डर सता रहा है कि कोई लंबा व्याख्यान देते समय हम अपने महत्त्वपूर्ण बिंदु भूल जाएँगे, तो कुछ संक्षिप्त नोट्स लिख लें और कभी-कभार उन पर निगाह डालते रहें।

5. अपने व्याख्यान को उदाहरणों और दृष्टांतों से भर लें। किसी बातचीत को रोचक बनाने का सबसे आसान तरीका इसे उदाहरणों से भरना होता है।
6. बिंदुओं को चित्रात्मक ढंग से स्पष्ट करने के लिए कहानियाँ और रोचक प्रसंग बताएँ। बताएँ कि हमने या हमारे किसी परिचित ने उसे कैसे आजमाया। विशिष्ट उदाहरण दें कि हमने उस विषय पर शोध से क्या सीखा।
7. विषय के विशेषज्ञ बनें। अतिरिक्त शक्ति नामक बेशकीमती संपत्ति विकसित करें। व्याख्यान में विषय संबंधी जितनी जानकारी दे रहे हों, उससे दस गुना ज्यादा जानकारी रखें।
8. दोस्तों से चर्चा करके व्याख्यान की रिहर्सल करें - पूरी रिहर्सल जरूरी नहीं है, बस व्याख्यान के दृष्टिकोण और मुख्य बिंदुओं को आजमाकर देखें, ताकि उनकी प्रतिक्रिया मिल सके। इससे हमें इस बात का पता चल जाता है कि हमारे हँसी-मजाक या चुटकुलों पर श्रोता कैसे प्रतिक्रिया करेंगे और वे किन टिप्पणियों में रुचि लेंगे। स्पष्ट रूप से आईने के सामने खड़े होकर व्याख्यान की रिहर्सल करने से हमें ऐसी प्रतिक्रिया नहीं मिल सकती।

घटना की शक्ति बढ़ाएँ : प्रभावी संवाद के लिए हमें सिर्फ अपनी आवाज का ही इस्तेमाल नहीं करना चाहिए। हमें शारीरिक जीवंतता या मुद्राओं का भी इस्तेमाल करना चाहिए। दूसरे शब्दों में, अपने पूरे शरीर का इस्तेमाल करें। नैसर्गिक, शक्तिशाली और स्वाभाविक मुद्राएँ दो कारणों से बेहद शक्तिशाली होती हैं:

- मुद्राएँ वक्ता को उद्दीप्त और प्रेरित करती हैं। मुद्राएँ हमें जगाती हैं, मुक्त करती हैं और तनावरहित करती हैं। मुद्राओं का इस्तेमाल हम शारीरिक, मानसिक और भावनात्मक रूप से प्रेरित होते हैं।
- मुद्राएँ श्रोताओं पर भी प्रभाव डालती हैं। श्रोताओं पर मुद्राओं का स्पष्ट भावनात्मक प्रभाव पड़ता है और कई बार नाटकीय भी। संसार के कुछ सबसे महान वक्ताओं के बारे में सोचें। लगभग हर मामले में सहज, स्वाभाविक मुद्राओं के इस्तेमाल से वक्ता और उसके संदेश

का प्रभाव बढ़ जाता है।

किसी श्रोतासमूह के सामने अपनी बॉडी लैंग्वेज के बारे में सतर्क रहें।

- हाथ-पैर बाँधकर न खड़े हों।
- अपने शरीर के सामने पर्स, कागज या कॉफी कप जैसा कोई अव. रोध न रखें।
- पैर चौड़े खोलकर न खड़े हों।
- शरीर के सामने या बगल में हाथ न बाँधे।
- सिर नीचे रखकर लेक्चर स्टैंड की तरफ न देखें (लिखे पन्ने पढ़ना) ।
- सिर सीधा, ठुड्डी ऊपर और सीना बाहर रखें।
- कंधे पीछे रखें।
- समूह के साथ आँखों का संपर्क रखें।
- उचित रूप से मुस्कराएँ।

बेहतर अभिव्यक्ति के पाँच कदम : कुछ लोगों के मामले में खराब अभिव्यक्ति उनकी भाषा के प्रभाव को घटा देती है - और अक्सर हममें से कई यह जानते ही नहीं हैं कि हमारी आवाज दूसरों को कैसी सुनाई देती है। हम खुद की बातें उस तरह से नहीं सुन पाते हैं, जिस तरह दूसरे सुनते हैं। जैसा फोन संबंधी बातचीत में बताया गया था, सिर्फ अपनी भाषा की अच्छी रिकॉर्डिंग सुनकर ही हम यह बात सचमुच समझ सकते हैं कि हमारी आवाज दूसरों को कैसी सुनाई देती है। लेकिन अगर हम पत्रिका के कई पैरे पढ़कर रिकॉर्ड करें, तो यह असली नहीं होगी। हमें अपनी आवाज इस तरह टेप करनी चाहिए कि हमें इसके रिकॉर्ड होने का अहसास ही न रहे। एक आसान तरीका यह है कि आवाज से सक्रिय होने वाला टेप रिकॉर्डर अपनी डेस्क पर दिन भर रखें। उस दिन हम जो भी बोलते हैं, वह सब रिकॉर्ड हो जाएगा, चाहे हम आमने-सामने बात कर रहे हों या फोन पर कर रहे हों। फिर रिकॉर्डिंग को सुनने से हमें पता चल जाएगा कि हमारे साथ भाषा संबंधी समस्याएँ हैं या नहीं।

अभिव्यक्ति को बेहतर बनाएँ : डैनी एक सुपरवाइजर है। कर्मचारियों को आदेश या निर्देश देते समय वह बुदबुदाता है। उसके शब्द अस्पष्ट होते हैं

और यह समझना मुश्किल होता है कि वह क्या कह रहा है। लेकिन उसके कर्मचारी उसे यह बताने में झिझकते हैं कि वह बुदबुदा रहा है, इसलिए वे उसकी बातों का अंदाजा लगाते हैं – और अक्सर गलत अंदाजा लगा लेते हैं। इस वजह से गलतियाँ होती हैं, डेडलाइन तक काम पूरा नहीं हो पाता है और कई अन्य समस्याएँ भी उत्पन्न होती हैं।

कैरी बहुत प्रतिभाशाली है। वह बहुत तेजी से सोचती है और बहुत तेजी से बोलती भी है, क्योंकि वह अपने विचारों के साथ चलने की कोशिश करती है। दुर्भाग्य से उसके श्रोता उसकी बराबरी नहीं कर पाते और उसकी कही बहुत-सी बातें चूक जाते हैं।

डैरिल की कहानी इसके ठीक विपरीत है। वह बहुत धीमे बोलता है। उसकी बातें समझना तो आसान होता है, लेकिन उसके श्रोता अक्सर कूदकर आगे पहुँच जाते हैं और अनुमान लगाने लगते हैं कि वह क्या कहने वाला है – अक्सर गलत अनुमान।

टेरी, मैरी और जेरी अपनी भाषा में अतिरिक्त ध्वनियाँ, शब्द या वाक्यांश जोड़ देते हैं। टेरी हर शब्द में "अर" जोड़ देता है; मैरी हर वाक्य के बाद "आप जानते हैं" बोलती है और जेरी हर वाक्य के बाद कहता है, "ठीक है!" हम ध्यान भटकाने वाली ऐसी ध्वनियों या अभिव्यक्तियों को "तकियाकलाम" कहते हैं।

ये अभिव्यक्ति की सबसे बड़ी समस्याएँ हैं, जो बहुत आम हैं। दिलचस्प बात यह है कि इन समस्याओं से ग्रस्त ज्यादातर लोगों को तो यह अहसास भी नहीं होता कि उनके साथ ये समस्याएँ हैं। अपनी आवाज की रिकॉर्डिंग सुनने के बाद ही उन्हें यह समझ आता है कि वे बुदबुदा रहे हैं, बहुत तेज या धीमे बोल रहे हैं या अपने वाक्यों में अर्थहीन ध्वनियाँ, शब्द या वाक्यांश जोड़ रहे हैं।

इन समस्याओं को सुधारने के लिए बस जागरूकता की जरूरत है। हम जो बोलते हैं, उसे टेप करके सुनने से ही ये दूर हो जाएँगी। जब लोग जागरूक हो जाते हैं कि वे बुदबुदाते हैं, तो वे बुदबुदाना छोड़ने की कोशिश करेंगे। जब किसी को यह पता चल जाता है कि उसका बोला गया हर पाँचवाँ शब्द "आप जानते हैं" का वाक्यांश होता है, तो वह "आप जानते

हैं" बोलना छोड़ देगा।

भाषा के दोषों से उबरना : यदि किसी में हकलाहट जैसा गंभीर भाषाई दोष है, तो वह संभवतः ऐसी स्थितियों से बचेगा, जिनमें बहुत मौखिक संवाद की जरूरत हो। बहरहाल, हाल के वर्षों में ऐसे लोगों की मदद के लिए बहुत कुछ सीखा गया है।

सीनेटर जॉन ग्लेन की पत्नी एन ग्लेन एक मशहूर उदाहरण हैं। वे हकलाने की गंभीर समस्या से उबरें और अपने पति के चुनाव अभियान में उन्होंने सक्रियता से भाषण दिए।

इवान रूस से आकर अमेरिका में बस गया था, हालाँकि उसने रूस में अंग्रेजी सीखी थी, लेकिन अमेरिकियों के लिए उसका उच्चारण समझना बहुत मुश्किल था। इंजीनियर होने के बावजूद भाषा की इस समस्या के कारण वह अपने करियर में तरक्की नहीं कर पा रहा था। करियर परामर्शदाता के सुझाव पर उसने भाषा थेरेपिस्ट की मदद ली। एक साल में ही इवान की भाषा इतनी ज्यादा सुधर गई कि उसे प्रमोशन देकर प्रबंधक बना दिया गया, जहाँ उसे कंपनी के भीतर और बाहर दोनों जगह अधिकारियों से संवाद करना होता था।

भाषा थेरेपी ज्यादातर विश्वविद्यालयों में उपलब्ध है। यह सभी तरह के भाषाई दोषों या विदेशी उच्चारण के मामले में बहुत सहायक हो सकती है।

लहजा अत्यंत महत्त्वपूर्ण है : क्लॉड एक सुर में बोलता है। क्लॉड जो कह रहा है, उसे समझना मुश्किल नहीं होता। उसका उच्चारण बहुत अच्छा है। इसके बावजूद क्लॉड की बात पर ध्यान केंद्रित रखना मुश्किल होता है, क्योंकि वह अपनी आवाज में स्वराघात और स्वर-परिवर्तन का इस्तेमाल नहीं करता है। जो लोग एक ही सुर में बोलते हैं, वे अपने श्रोताओं की रुचि जाग्रत नहीं कर पाते हैं। दूसरी भाषाई समस्याओं की तरह ही इस समस्या से ग्रस्त लोगों को भी यह अहसास नहीं होता है कि वे एक सुर में बोलते हैं। अपनी बातें टेप करके सुनने से उन्हें यह बात पता चल जाती है और जागरूक होने पर वे इससे उबरने की स्पष्ट कोशिश कर सकते हैं।

उचित गति चुनें : हम जिस गति से बोलते हैं, उससे भी संदेश पर

असर पड़ता है। यदि हम तात्कालिकता या रोमांच व्यक्त करना चाहते हैं, तो गति को बढ़ाना सबसे अच्छा रहता है। जब हम डेडलाइन पूरी करने के लिए कर्मचारियों से ज्यादा तेजी से काम करने को कहते हैं, तब अगर हम धीमे बोलेंगे, तो तात्कालिकता का आवश्यक अहसास उत्पन्न नहीं हो पाएगा।

दूसरी ओर, यदि हम चाहते हैं कि कोई बात अंदर बैठ जाए, तो हमें इसे ज्यादा धीमे कहना चाहिए। "हमारे काम की गुणवत्ता के बारे में बहुत सारी शिकायतें आई हैं, अगर आप - में - से - हर - व्यक्ति - अपने - काम - की जाँच - करने में - एक और मिनट - लगा ले, तो यह समस्या दूर हो सकती है।"

आवाज की तीव्रता को नियंत्रित करें

बोले गए संदेश में अपनी आवाज ऊपर-नीचे करना लिखे हुए शब्दों को इटेलिक करने जैसा होता है। आवाज ऊँची हो या नीची, यह संदेश पर निर्भर करता है।

सावधानी : जब कोई किसी बिंदु पर जोर देना चाहता है, तो चिल्लाने का बहुत प्रलोभन होता है। मगर ध्यान रहे, चिल्लाने से ध्यान भटक सकता है या नकारात्मक प्रभाव भी पड़ सकता है। वॉल्यूम को नियंत्रित करना चाहिए, ताकि हम बहुत ज्यादा जोर से या बहुत धीमे न बोलें। यदि हमारी आवाज जोरदार है, तो वॉल्यूम को सावधानी से नियंत्रित करना खास तौर पर महत्त्वपूर्ण होता है। यह सार्वजनिक भाषणों में बहुत मायने रखता है, जहाँ माइक्रोफोन का इस्तेमाल किया जा सकता है। बहुत ऊंचा वॉल्यूम बड़ी आसानी से माइक्रोफोन पर किसी की भी आवाज को विकृत कर सकता है। चाहे आवाज नैसर्गिक रूप से धीमी हो या तेज, यह सामने वाले को कैसे सुनाई देती है, इस पर सावधानीपूर्ण ध्यान देना और गंभीर अभ्यास करना वॉल्यूम को नियंत्रित करने में सहायक होगा।

चाहे हम निजी बातचीत कर रहे हों या सार्वजनिक, इन सुझावों पर अमल करने से हमारी बात ज्यादा आसानी से श्रोताओं को समझ आएगी और उन पर ज्यादा सकारात्मक प्रभाव पड़ेगा।

श्रोताओं को पसंद आने के बारह तरीके

श्रोता हमारे संदेश अच्छी तरह सुनें, इसके लिए यह जरूरी है कि वे हमें पसंद करें। यहाँ श्रोताओं का दिल जीतने और उन्हें प्रभावित करने के बारह अचूक सिद्धांत बताए जा रहे हैं, जो समय की जाँच में खरे उतरे हैं।

1. किसी समूह को संबोधित करने का अवसर मिलने पर खुद को सम्मानित महसूस करें - और यह बात बता भी दें! समूह चाहे कितना भी बड़ा हो या कैसा भी हो, उसके सामने बोलने का आमंत्रण लगभग हमेशा गौरव की बात होती है। कृतज्ञता जताना शिष्टाचार का मामला है। इससे श्रोताओं का समूह हमें ज्यादा पसंद करेगा।
2. अपने श्रोताओं की सच्ची प्रशंसा करें : कभी किसी समूह के सामने तब तक न बोलें, जब तक कि आप उस समूह के बारे में पहले से ज्यादा से ज्यादा जानकारी हासिल न कर लें। फिर कुछ सेकेंड तक श्रोताओं को समूह के कुछ अच्छे या असाधारण गुण याद दिलाएँ, जिस वजह से हम उन्हें संबोधित करके गौरवान्वित महसूस करते हैं।
3. जब भी संभव हो, कुछ श्रोताओं के नाम लें : इंसान का नाम किसी भी भाषा में उसके लिए सबसे मधुर स्वर होता है, इसलिए जब भी संभव हो, कुछ श्रोताओं के नाम लें। गौर करें, जब नेता किसी सभा में बोलते हैं, तो वे लगभग हमेशा श्रोता समूह में बैठे स्थानीय पदाधिकारियों के नाम लेते हैं।
4. **खुद को ऊपर नहीं - नीचे रखें!** : विनम्रता से आम तौर पर विश्वास और सद्भाव प्रेरित होता है। अब्राहम लिंकन इसमें माहिर थे। लिंकन-डगलस बहस के दौरान एक रात एक ब्रास बैंड ने लिकन के सामने संगीत बजाया। जब लिंकन लोगों को संबोधित करने के लिए होटल के कम रोशनी वाले पोर्च में पहुँचे, तो किसी ने लालटेन ऊपर कर दी, ताकि भीड़ लिंकन का घरेलू चेहरा देख सके। लिंकन ने यह कहकर शुरुआत की, "मित्रों, मैं आपको जितना कम दिखूँगा, आप मुझे उतना ही ज्यादा पसंद करेंगे।" लिंकन बाइबल की सलाह की बुद्धिमत्ता जानते थे : "जो खुद को

झुकाता है, उसे ऊपर उठाया जाएगा।"

5. **"आप" नहीं , "हम" कहें :** कभी श्रोताओं को नीचा दिखाने का नजरिया न रखें। "आप" के बजाय "हम" कहकर उन्हें व्याख्यान में शामिल करें। वक्ता कहता है : "जब आप चिंतित हों, तो आपको इतना व्यस्त हो जाना चाहिए कि आपके पास अपनी मुश्किलों के बारे में सोचने का समय ही न रहे" अगर वह "आप" दोहराता रहता है, तो लगता है कि वक्ता भाषण दे रहा है और और श्रोताओं को छोटा समझ रहा है। इसके बजाय यह कहें, "जब हम चिंतित होते हैं, तो हमें इतना व्यस्त हो जाना चाहिए कि हमारे पास हमारी मुश्किलो के बारे में सोचने का समय ही न रहे।" फर्क देखा? जब हम "आप" शब्द का इस्तेमाल करते हैं, तो हम स्वयं को श्रेष्ठतर दिखाने का नजरिया अपनाकर खुद को अप्रिय बना लेते हैं।

   चेतावनी का शब्द : "हम" के बहुत ज्यादा इस्तेमाल से ऐसा भी लग सकता है कि वक्ता श्रोताओं को नीचा दिखा रहा है।

6. **त्योरी चढ़े चेहरे और फटकारने वाली आवाज में बात न करे:** याद रखें, हमारे चेहरे के हाव-भाव और हमारी आवाज का लहजा हमारे शब्दों से ज्यादा जोर से बोलता है। चाहे हम निजी बातचीत कर रहे हों या सार्वजनिक, त्योरी चढ़े चेहरे और फटकारने वाली आवाज से किसी को दोस्त नहीं बना सकते। एक पुरानी चीनी सूक्ति है, जिसे आपको और मुझे काटकर अपने हैट के भीतर लगा लेना चाहिए। यह इस तरह है :

7. **अपने श्रोताओं की रुचि के संदर्भ में बात करें :** सभी श्रोता खुद में हमेशा और गहरी रुचि रखते हैं। उनकी रुचि इस बात में होती है कि वे अपनी समस्याएँ कैसे सुलझाएँ। उनकी रुचि बस इतने में ही होती है। इसलिए अगर आप उन्हें यह दिखा देते हैं कि वे ज्यादा खुश कैसे रह सकते हैं, ज्यादा पैसे कैसे कमा सकते हैं, चिंता से छुटकारा कैसे पा सकते हैं और मनचाही चीज कैसे हासिल कर सकते हैं - तो वे खुशी-खुशी सुनेंगे - चाहे हमारी आवाज

कैसी भी हो, हमारा हुलिया कैसा भी हो, हम कैसे भी खड़े हों, कैसे भी दिखते हों, कैसी भी मुद्राओं या किसी भी तरह की व्य करण का इस्तेमाल करते हों।

मिसाल के तौर पर, जब एक सेल्स मैनेजर से पूछा गया कि उसने इतनी आसानी से मित्र कैसे बना लिए और उसकी बातचीत इतनी ज्यादा रोचक कैसे हो गई, तो उसने कहा कि उसने बस लोगों से यह पूछा, "आप इस काम में कैसे आए?" फिर उसने मिलने वाले जवाब पर अपनी बातचीत केंद्रित की। उसने घोषणा की कि इस सरल सवाल ने उसके लिए चमत्कार कर दिए हैं, खास तौर पर अजनबियों के साथ। किसी समूह के सामने बोलने से पहले पता लगाएँ कि उसकी मुख्य चिंताएँ क्या हैं और बातचीत में उन्हीं पर केंद्रित रहें।

8. **व्याख्यान देते समय आनंदित हों :** जब तक हमें बोलने में खुशी नहीं होती हो, हम यह उम्मीद भी कैसे कर सकते हैं कि सामने वाला हमारी बात खुशी से सुनेगा? हमारे मानसिक और भावनात्मक नजरिये चाहे जैसे हों, यह तय है कि वे संक्रामक होते हैं। अगर हमें बोलने, गाने या स्केटिंग करने में मजा आ रहा है, तो हमें देखने–सुनने वाले को भी मजा आएगा। भावनात्मक नजरिये खसरे की तरह संक्रामक होते हैं।

   कोई पूछ सकता है, "मैं व्याख्यान देते समय इतना खुश कैसे हो सकता हूँ?" रहस्य सरल है : किसी ऐसी चीज के बारे में बात करें, जिस पर बात करने का हमने अधिकार अर्जित किया है, जिससे हमारी आँखों में चमक आ जाती है और हमारी आवाज में भावना भर जाती है।

9. **क्षमा न माँगें :** हम सभी ने ऐसे वक्ताओं को सुना है, जो इस तरह की बात कहकर अपना व्याख्यान शुरू करते हैं : "दो सप्ताह पहले तक मुझे पता नहीं था कि मुझे यह व्याख्यान देना है। फिर चेयरमैन ने मुझे बताया कि मुझे अध्यक्ष की जगह पर भाषण देना है।" इस शुरुआती टिप्पणी के बारे में क्या राय है? "मैं सार्वजनिक व्याख्यान

देने का आदी नहीं हूँ..." ये वक्ता शुरू करने से पहले ही क्षमा माँग रहे हैं। व्याख्यान देने का कोई आमंत्रण हमें तब तक कभी स्वीकार नहीं करना चाहिए, जब तक कि हम इसकी समुचित तैयारी न कर सकें। यदि हम वह सर्वश्रेष्ठ करते हैं, जो हम कर सकते हैं, तो किसी क्षमा की जरूरत नहीं होगी। यदि हम अपना सर्वश्रेष्ठ नहीं करते हैं, तो हम चाहे कितनी भी क्षमा माँग लें, वह स्वीकार्य नहीं होगी। माफी माँगना आम तौर पर श्रोताओं के समय की बरबादी है, जिससे वे चिढ़ जाते हैं। बहरहाल, यदि हमारे विलंब के पीछे कोई वैध कारण हो, जैसे विमान दूसरी जगह उतर गया हो, ट्रेन देर से आई हो, तो स्थिति को संक्षेप में बताना मुनासिब होता है। हमें शिष्टता से माफी माँगनी चाहिए और फिर जरा-सा भी समय बरबाद किए बिना व्याख्यान शुरू कर देना चाहिए।

10. **श्रोताओं की ज्यादा अच्छी भावनाओं के प्रति आग्रह करें :** अच्छी भावनाएँ जगाकर किसी श्रोतासमूह को प्रेरित करना आसान नहीं होता। इसके लिए हमें खुद गहराई से प्रेरित होना चाहिए; और अक्सर हम उतनी गहराई से प्रेरित नहीं होते हैं। दूसरों को अपने दृष्टिकोण का कायल बनाने के लिए उन्हें दिखाएँ कि हम जो प्रस्ताव रख रहे हैं, उससे वे संसार को बेहतर बना सकते हैं। उन्हें एक उदाहरण दें। जब सूजन अर्ल अपनी प्रिय परोपकारी संस्था "हीफर इंटरनेशनल" के लिए चंदा माँग रही थी, तो उसने बताया कि एक छोटे-से दान की बदौलत भारत का एक परिवार एक बकरी खरीद लेगा, जिससे उनके बच्चों को दूध मिलेगा और बचा हुआ दूध बेचने से परिवार को थोड़ी आमदनी भी होगी। जब एक बार इस अच्छी भावना की चिंगारी जल जाती है और लपट वक्ता तथा श्रोताओं दोनों को अपनी गिरफ्त में ले लेती है, तो इस अनुभव की गर्मजोशी भरी चमक लंबे समय तक याद रखी जाएगी।

11. **आलोचना से द्वेष न करें :** इसका स्वागत करें : विकासवाद के सिद्धांत की वजह से चार्ल्स डार्विन की जितनी बुरी

आलोचना और भर्त्सना हुई उतनी किसी दूसरे वैज्ञानिक की नहीं हुई। लेकिन उन्होने अपने किसी आलोचक के खिलाफ कभी कोई कठोर शब्द नहीं कहा। इसके बजाय उन्होंने उन्हें धन्यवाद देते हुए कहा कि उनके जीवन का मूल उद्देश्य ज्ञान को उजागर करना और सत्य को खोजना है तथा सत्य की खोज में दो दिमाग एक से बेहतर हैं। उन्होंने कहा, "यदि मैं गलत हूँ तो मेरे सिर पर जितनी जल्दी प्रहार किया जाए और मुझे मिटा दिया जाए, उतना ही बेहतर है।"

12. **ईमानदार बनें :** संसार की सारी वाकपटुता भी ईमानदारी और सत्यनिष्ठा की कमी की भरपाई नहीं कर सकती। श्रोता हमें पसंद करें, इसके लिए हमें उन्हें अपने उद्देश्य की ईमानदारी का विश्वास दिलाना होगा। हो सकता है कि वे हमारे विचारों से सहमत न हों, लेकिन हम प्रभावी तभी बन सकते हैं, जब वे उन विचारों में हमारे विश्वास का सम्मान करें।

आलोचना का स्वागत करें और इस पर सम्मान व विनम्रता से प्रतिक्रिया करें। हम जो होते हैं, उसका हमारी बातों से ज्यादा प्रभाव पड़ता है। ईमानदारी, सत्यनिष्ठा, विनम्रता और निःस्वार्थता श्रोतासमूह पर गहरा असर छोड़ती है।

हमें ईमानदारी और निःस्वार्थता प्रदर्शित करने वाले अनाड़ी वक्ता को ज्यादा पसंद करना चाहिए और उस कुशल वक्ता को कम पसंद करना चाहिए, जो हमें सिर्फ अपनी वाकपटुता से प्रभावित करने की कोशिश कर रहा हो।

किसी वक्ता का परिचय देना और उसे धन्यवाद देना

यदि हम किसी मीटिंग की अध्यक्षता करते हैं या वक्ता को आमंत्रित करने वाली समिति में होते हैं, तो संभवतः हमें वक्ता का परिचय देना होगा। पहले की बातों और बाद की बातों को अलग करने के लिए परिचय उपयोगी होता है। यह श्रोताओं के लिए मंच बना देता है कि वे उस व्यक्ति पर पूरा ध्यान दें, जिसका परिचय दिया जा रहा है और उस विषय पर भी

ध्यान दें, जिस पर वह बोलने वाला है।

परिचय वक्ता और श्रोताओं के बीच की समानताएँ बताता है। परिचय श्रोताओं को वक्ता को स्वीकार करने के लिए तैयार करता है। यह वक्ता के व्याख्यान और श्रोताओं की रुचि के विषय के बीच सेतु बनाता है। इसे टी-आई-एस तकनीक कहा जाता है।

टी - सबसे पहले, प्रस्तुति का विषय या शीर्षक (टाइटल) बताएँ।

आई - पहचानें कि यह विषय श्रोताओं के लिए महत्त्वपूर्ण या रुचिकर (इन्टरेस्टिंग) क्यों है।

एस - वक्ता (स्पीकर) की योग्यताएँ बताएँ। ऐसी योग्यताएँ बताएँ, जिनसे उस विषय पर वक्ता की विश्वसनीयता और विशेषज्ञता स्थापित हो जाए। फिर वक्ता का नाम बताएँ।

परिचय की तैयारी करना

टीआईएस तकनीक किसी वक्ता का परिचय देने का सिर्फ एक प्रभावी तरीका ही नहीं है, बल्कि इसका इस्तेमाल तब भी किया जा सकता है, जब हम किसी समूह को संबोधित करने वाले हों। अपना लिखित परिचय तैयार करें। सुनिश्चित करें कि यह पर्याप्त बड़े अक्षरों में छपे, ताकि व्याख्यान-मंच से आसानी से पढ़ा जा सके।

प्रस्तुति के बहुत पहले कार्यक्रम का संचालन करने वाले को अपना परिचय दे दें। उससे कहें कि वह इसे पूरा पढ़ ले। यदि उसके मन में कोई सवाल हो, तो उनका जवाब दें। जो व्यक्ति हमारा परिचय देने वाला है, उसे इस बारे में संक्षिप्त, सकारात्मक और रोमांचित बनने के लिए प्रोत्साहित करें।

खुद का परिचय देते समय घटनाओं का क्रम थोड़ा बदल जाता है। पहला बिंदु हमारा नाम और कंपनी या संगठन के साथ जुड़ाव होगा। इसके बाद व्याख्यान का शीर्षक बताते हुए यह भी बताएँ कि श्रोताओं के लिए यह क्यों महत्त्वपूर्ण है। अपनी योग्यताएँ बताते समय अपनी पृष्ठभूमि के उन पहलुओं को बताएँ, जो विषय और अवसर के लिए प्रासंगिक हों।

मीटिंग के अध्यक्ष के रूप में हमें वक्ताओं को व्याख्यान देने के लिए

धन्यवाद देना होगा। धन्यवाद देते समय वक्ता के योगदान और उसके व्याख्यान के श्रोताओं के लिए महत्त्व को रेखांकित करें। इसकी प्रणाली सारगर्भित होनी चाहिए। हम मूलतः पूरे समूह की तरफ से धन्यवाद दे रहे हैं।

टी आई एफ तकनीक का इस्तेमाल करके वक्ता को धन्यवाद देने के दिशानिर्देश

टी - सबसे पहले, वक्ता का नाम लेकर उसे धन्यवाद (थैंक्स) दें।

आई - फिर प्रस्तुति के किसी खास रोचक (इन्टरेस्ट) क्षेत्र का जिक्र करें, जो श्रोताओं के लिए अर्थपूर्ण रहा है।

एफ - अंत में एक औपचारिक कथन (फॉर्मल स्टेटमेन्ट) कहें, जिसमें वक्ता को धन्यवाद दिया गया हो और एक बार फिर उसके पूरे नाम का इस्तेमाल करें।

9

अध्याय

दोस्त और लोगों को प्रभावित करना

हाउ टु विन फ्रेंड्स ऐंड इंफ्लुएंस पीपल के मशहूर लेखक डेल कारनेगी इस विषय के महारथी थे। वे लोगों को प्रभावित करने के बारह तरीकों की सूची देते हैं।

1. सकारात्मक नजरिया रखें। प्रतिरोध को व्यक्तिगत रूप से नहीं लें। प्रतिरोध या आपत्तियाँ बस ज्यादा जानकारी की जरूरत का प्रमाण हैं।
2. तैयार रहें और सतर्क बनें। गौर करें कि सामने वाला पक्ष विचार व्यक्त करने के लिए कैसे शब्दों का इस्तेमाल करता है और उसी की भाषा में बात करें।
3. जोशीले बनें और सच्चे विश्वास के साथ बोलें।
4. प्रश्न पूछकर, चिंताओं को स्वीकार करके और सामने वाले के दृष्टिकोण को अपने शब्दों में दोहराकर सुरक्षा क्षेत्र बनाएँ।
5. कोई सकारात्मक चीज

खोजें और उस पर आगे का निर्माण करें।

6. यह स्पष्ट करें कि इससे सामने वाले को क्या फायदा होगा और सामने वाले के दृष्टिकोण के संदर्भ में बात करें। ऐसी तस्वीर खींचें या कथन कहें, जो संभव और विश्वसनीय हों।
7. ध्यान जकड़ने के लिए आपकी बात ऐसी होनी चाहिए :-
   - रोचक और चतुराई भरी
   - मूल्यवान और स्पष्ट
   - महत्त्वपूर्ण और अत्यावश्यक
   - उपयोगी, प्रासंगिक और अमल करने योग्य
8. ज्यादा ऊँचे उद्देश्यों का आग्रह करें।
9. अपने विचारों का नाटकीयकरण करें।
10. चुनौती दें।
11. अनिच्छुक व्यक्ति के साथ सहयोग करके उसे शामिल करें। या बस यह कहें :-
   - "मुझे आपकी मदद चाहिए।"
   - "आप क्या सोचते हैं?"
   - "आइए इसकी कोशिश करते हैं और देखते हैं कि यह कैसे काम करती है।"
12. समर्थन माँगें और इस पर हाथ मिलाएँ।

आप जिस भी व्यक्ति से मिलते हैं, हर व्यक्ति के गले में एक तख्ती टँगी होती है, जो कहती है, 'मुझे महत्त्वपूर्ण महसूस कराओ।' अगर आप यह कर सकते हैं, तो आप सफल होंगे, सिर्फ व्यवसाय में ही नहीं, बल्कि जीवन में भी।

– मैरी के ऐश, संस्थापक, मैरी के कॉस्मेटिक्स

शक्ति- आधारित टिप्पणियाँ करें

शक्ति- आधारित टिप्पणियाँ हर लीडर की फेहरिस्त का हिस्सा होनी चाहिए, जिनका प्राय: और सचमुच इस्तेमाल किया जाए।

डेल कारनेगी किसी सर्वोच्च कथन के तत्व बताते हैं :-

- प्रशंसा- विशिष्ट और ईमानदार बनें।
- चित्रण- कोई मिसाल दें।
- उदाहरण- यह सुझाव दें कि यह गुण उनकी मदद कैसे करेगा।

- सुदृढ़ीकरण- सबसे आखिर में अंतिम सकारात्मक कथन कहें।

सर्वोच्च कथन का उदाहरण

"मैं यह प्रमाणपत्र जिन्हें पेश करने वाला हूँ, वे एक ऐसी शख्सियत हैं, जो सारे दिन अपनी मुस्कान से कमरे को रोशन करती हैं (प्रशंसा)। अवकाश के दौरान उन्होंने मुझसे मिलने के लिए असाधारण उदारता से प्रयास किया (चित्रण)। मैं मानता हूँ कि उनका यह गुण एक महान लीडर बनने में उनकी मदद करता रहेगा (उदाहरण)। वे आज इस कक्षा की बेहतरीन संपत्ति हैं (सुदृढ़ीकरण)। कृपया उनका स्वागत करने में मेरी मदद करें : सूजन जोन्स।"

हम श्रेय बाँटकर संसार जीत लेंगे

श्रेय बाँटना दूसरों की खातिर करने वाली अच्छी चीज ही नहीं है। यह तो एक शक्तिशाली प्रेरणा है, जो लोगों द्वारा दिए जाने वाले सबसे महत्त्वपूर्ण परिणामों को पुष्ट और पुरस्कृत करती है - ऑफिस में, समाज में या परिवार के भीतर। जब हम लोगों को प्रभावी ढंग से मान्यता देते हैं, तो हम उन कार्यों और व्यवहारों को बलवान बनाते हैं, जिन्हें हम दोहराए जाते देखना चाहते हैं। श्रेय बाँटना आसान, त्वरित और शक्तिशाली सुदृढ़ीकरण है।

श्रेय बाँटने के सिद्धांत

1. **दूसरों में सर्वश्रेष्ठ की तलाश करें।**
   डेल कारनेगी ने कहा था कि कोई भी मूर्ख आलोचना कर सकता है और ज्यादातर मूर्ख करते भी हैं! आदतन दूसरों में कमजोरियों के बजाय शक्तियाँ देखने के लिए एक असाधारण इंसान की जरूरत होती है। जब हम ईमानदारी से दूसरों में सर्वश्रेष्ठ देखने की कोशिश करते हैं, तो हम लोगों को एक बिलकुल ही अलग दृष्टिकोण से देखने लगते हैं और दूसरों को ज्यादा महत्त्व देना सीख लेते हैं।
2. **लिखकर प्रशंसा करें।**
   आप जिसमें कोई शक्ति देखते हैं, उसे इस बारे में बताना एक बहुत सकारात्मक चीज है। इससे भी बेहतर यह है कि इसे लिख दिया जाए? इससे ना सिर्फ वह व्यक्ति इसे बार-बार पढ़ सकता है, बल्कि वह दूसरों को लिखित प्रशंसा दिखा भी सकता है।

3. **प्रशंसा को आगे बढ़ा दें।**
नॉर्मन विन्सेंट पील ने लिखा था, "मैंने खुद को प्रशिक्षित किया है कि मैं अनुमोदन या प्रशंसा का हर शब्द सुन लूँ, जो एक व्यक्ति दूसरे के बारे में बोलता है - और इसे आगे बढ़ाता है।" किसी प्रशंसा को आगे बढ़ाना आसान है! बस यह कह दें, "मैंने किसी को आपकी तारीफ करते सुना था और मैं उससे सहमत हूँ। मुझे अच्छा लगेगा, अगर आप वह सुन लें..."
4. **उन्हें अच्छा काम करते हुए पकड़ लें।**
उपलब्धियों के साक्षी रहने और उनकी प्रशंसा करने के लिए वहाँ मौजूद रहें। "श्रेय बाँटने" का मतलब दूर से "बहुत दूर है!" कहना नहीं है। इसका मतलब है अनुभव को इकट्ठे लेना। जब हम व्यक्तिगत रूप से दूसरों को विकास करते और सफलता हासिल करते देखते हैं, तो वे जान जाते हैं कि हमारी मान्यता सच्ची है।

श्रेय बाँटने के तरीके

- अगर आप ऑफिस में हैं, तो ग्राहकों का परिचय अपने स्टाफ व प्रोजेक्ट में शामिल दूसरे सहयोगियों से कराने का विशेष प्रयास करें। यदि आगंतुक काम से संबंधित नहीं है, तो प्रोजेक्ट या प्रयास से संबंधी लोगों से उसका परिचय कराने की भारी कोशिश करें, और वहाँ श्रेय दें, जहाँ श्रेय दिया जाना चाहिए।
- पूरे प्रोजेक्ट के बारे में लोगों के योगदान के बारे में अनौपचारिक सकारात्मक स्टिकी नोट्स लिखें और उन्हें ऐसी जगहों पर लगा दें, जहाँ लोग उन्हें देख सकें।
- प्रोजेक्टों या प्रस्तावों के अंतिम परिणाम के बारे में टीम या सहायक सहकर्मियों को सूचित करें।
- अंतिम बैठकों और जश्नों में हर उस व्यक्ति को शामिल करें, जिसने सहयोग दिया है, चाहे उसका योगदान कितना ही छोटा क्यों नहीं हो।
- सार्वजनिक भाषण में या प्रेस से बात करते समय दूसरों के योगदान को सार्वजनिक श्रेय दें।
- लोगों को विशिष्टता से बताएं कि उन्होंने कैसे योगदान दिया। उन्हें सचमुच बताएँ कि अंतिम परिणाम के लिए वे अनिवार्य थे और किस तरह थे।

आप जो भी काम कर रहे हों, यदि आपको उसमें विश्वास है, तो किसी भी चीज की वजह से अपना काम रुकने न दें। संसार का बहुत सारा सर्वश्रेष्ठ कार्य असंभव दिखने वाली परिस्थितियों के खिलाफ जूझते हुए किया गया है। अहम चीज काम को पूरा करना है। -डेल कारनेगी

10

अध्याय

कोच बनें

लीडर की नौकरी का संभवतः सबसे चुनौती-पूर्ण हिस्सा कर्मचारियों को एक प्रगतिशील, संवादकुशल और उच्च प्रदर्शन वाली टीम में ढालना है। हमने देखा है कि खेल जगत के कोच अपनी टीमों को एक सूत्र में कैसे पिरोते हैं और कामकाजी टीमों के लीडर के रूप में हम उनसे सीख सकते हैं।

हम यह काम टीम के सदस्यों की मदद करके करते हैं, ताकि वे अपने गुणों को अधिकतम क्षमता तक विकसित कर लें। हम अपनी टीम को संगठन के लक्ष्यों और नवीनतम पद्धतियों व तकनीकों के बारे में चौकस रखते हैं, जिनकी मदद से वे अपने लक्ष्यों तक पहुँचने में सफल होंगे। वे जो नहीं जानते हैं, उसे सीखने में हम उनकी मदद करते हैं और जो वे जानते हैं, उसे आदर्श बनाने में हम उनकी सहायता करते हैं।

बॉब इसका एक अच्छा उदाहरण है, जिसे कंपनी ने हाल

ही में नियुक्त किया था। बॉब एक अनुभवी सेल्समैन था। उसकी सफल पृष्ठभूमि की वजह से बॉब को यह उम्मीद नहीं थी कि उसका प्रबंधक उसे ज्यादा प्रशिक्षण देगा। उसने मान लिया था कि उसे बस प्रॉडक्ट लाइन के बारे में बताया जाएगा और मैदान में भेज दिया जाएगा। लेकिन बॉब के प्रबंधक ने जोर देकर कहा कि वे उसे भी उतना ही व्यापक प्रशिक्षण देंगे, जितना किसी कम अनुभवी बिक्री प्रशिक्षु को देते हैं। इससे बॉब की कोई परेशानी नहीं हुई। वह हाई स्कूल में चैंपियन धावक था, लेकिन यूनिवर्सिटी में उसके कोच ने उसे भी पहली बार प्रतिस्पर्धा कर रहे टीम के नए सदस्यों जितना ही ध्यान और प्रशिक्षण दिया था। सफल प्रबंधक किसी नए कर्मचारी के मामले में इसे दिमाग में रखते हैं। भले ही उसके पास पुराना अनुभव हो, लेकिन काम के प्रति कंपनियों की नीतियों से वाकिफ होना जरूरी होता है, क्योंकि वे कर्मचारी के पुराने अनुभव से भिन्न हो सकती हैं। ज्यादातर प्रबंधक इसे किसी अनुभवहीन कर्मचारी के साथ हमेशा करते हैं, लेकिन अनुभवी कर्मचारियों के मामले में अक्सर इसे नजरअंदाज कर देते हैं।

टीम के सदस्यों को उनके कामों का प्रभार देना

हमारा कामकाजी समूह या टीम अलग-अलग व्यक्तियों से बनती है। समूह का हर व्यक्ति टीम के मिशन की सफलता में योगदान देता है। इसके लिए हर सदस्य को अपने काम में पारंगत होना चाहिए और उसे बेहतरीन तरीके से करने के लिए प्रेरित होना चाहिए।

यहाँ कुछ सुझाव हैं, जिनसे कई लीडर फायदा उठा चुके हैं :

लीडर अपने कर्मचारियों को उनके काम में माहिर बनने के लिए प्रोत्साहित करता है। जब कर्मचारी अपने काम को अच्छी तरह जान जाते हैं और इसे पेशेवर अंदाज में करने लगते हैं, तो वे अपने कामकाजी जीवन में महारत हासिल करने के सही मार्ग पर होते हैं। कोच कामकाज की बुनियादी बातों में समूह के सिर्फ नए सदस्यों को ही प्रशिक्षित नहीं करता है, बल्कि टीम के सभी सदस्यों के साथ काम करके उन्हें नवीनतम प्रौद्योगिकी, पद्धतियों और नवाचारों के विकास की अग्रणी पंक्ति में पहुँचा देता है। इसके अलावा लीडर सदस्यों को प्रोत्साहित करता है कि वे पढ़कर, कोर्स करके, सेमिनार में जाकर, दूसरों से सीखकर अपना ज्ञान बढ़ाएं - वर्तमान कामों के

विशिष्ट पहलुओं के बारे में ही नहीं, बल्कि अपने पेशे या योग्यता क्षेत्र के ज्ञान को व्यापक बनाएँ। इससे कर्मचारी अवश्यंभावी नई चुनौतियों के सामने आत्मविश्वास महसूस करता है।

प्रशिक्षण कभी नहीं रुकता है। प्रशिक्षण की तकनीकें खेल कोच को देखकर सीखी जा सकती हैं। पेशेवर प्रशिक्षक, चाहे वह कोच हो या प्रबंधक, प्रशिक्षण को पूर्ण उन्मुखीकरण से शुरू करेगा कि प्रशिक्षण में क्या हासिल होना चाहिए। यह काम आपसी चर्चा में किया जा सकता है या अगर एक से ज्यादा लोगों को प्रशिक्षण दिया जा रहा है, तो इसे समूह सत्रों में किया जा सकता है। इसमें मैन्युअल, फिल्म या टेप जैसे प्रशिक्षण साधनों से मदद मिलती है।

नए कर्मचारियों को तेजी से शुरू कराने के मामले में हाउसवेयर डिस्ट्रिब्यूटर की डाटा प्रोसेसिंग प्रबंधक एलीना का बहुत शानदार रिकॉर्ड है। जब उसके विभाग में कोई नया कर्मचारी आता है, तो एलीना पहले कुछ दिन तक लगभग पूरी तरह से उसके साथ काम करती है। वह कहती है, "मैंने शुरुआत में जितना ज्यादा समय बिताया, सफलता की दर उतनी ही बेहतर थी।" इस शुरुआती प्रशिक्षण में एलीना अपने कर्मचारियों को अपने विभाग के कंप्यूटर की सारी बुनियादी बातें बताती थी - चाहे नए कर्मचारी को पहले से कितना भी अनुभव हो। एलीना का कहना है कि इससे उनकी शुरुआत सही हो जाती है और इससे पिछली नौकरियों में पड़ी बुरी आदतों से छुटकारा पाने में भी मदद मिलती है।

जब किसी कर्मचारी को स्वतंत्रता से काम करने की अनुमति दे दी जाती है, तब भी प्रशिक्षण खत्म नहीं होता। चाहे कोई कर्मचारी कितने ही लंबे समय से स्टाफ में हो, प्रबंधक का काम उसे सतत प्रशिक्षण और दोबारा प्रशिक्षण देना है। सफल लीडर सिर्फ उन्हीं लोगों पर प्रशिक्षण प्रयास केंद्रित नहीं करते हैं, जो संतोषजनक काम नहीं कर रहे हैं। वे अपने सभी कर्मचारियों को नियमित रूप से प्रशिक्षित करते रहते हैं। जिस तरह किसी खेल टीम का कोच लगातार खोजता है कि टीम के हर सदस्य को बेहतर कैसे बनाया जाए, उसी तरह सफल सुपरवाइजर भी अपने हर कर्मचारी की योग्यताओं को तराशने की ताक में रहते हैं, ताकि वे उनके काम में और

भी ज्यादा प्रभावी बन सकें।

प्रबंधकों को अपने हर कर्मचारी के साथ समय-समय पर व्यक्तिगत प्रशिक्षण सम्मेलन आयोजित करने चाहिए और पूरे स्टाफ की समूह सभा करनी चाहिए। सभी अधीनस्थों के प्रदर्शन में किसी तरह की भिन्नताओं के प्रति प्रबंधक को हमेशा चौकस रहना चाहिए और उन्हें बेहतर बनने के सुझाव व कोचिंग देनी चाहिए।

उत्कृष्टता का लक्ष्य बनाएँ। ज्यादातर टीमों में ऐसे सदस्य होते हैं, जो बेहतर प्रदर्शन कर सकते हैं। वे संतोषजनक, शायद अच्छा काम भी करते हैं, लेकिन हमें उनमें एक ऐसी क्षमता दिखाई देती है, जो उभरकर सामने नहीं आ पाई है।

उदाहरण : बाजार विकास टीम की टीम लीडर कैथी को महसूस हुआ कि उसकी सहयोगी क्रिस्टीन ऐसी ही एक कर्मचारी थी। उसने क्रिस्टीन के साथ एक मुलाकात की और उससे कहा, "तुम्हारा काम अच्छा है, मुझे इसके बारे में कोई शिकायत नहीं है, लेकिन मैं जानती हूँ कि तुम बेहतर काम कर सकती हो और तुम्हें करना चाहिए। यदि तुम कम बुद्धिमान होतीं, तो मैं तुम्हारे वर्तमान काम से संतुष्ट हो जाती, लेकिन मैं तुममें इतनी क्षमता देखती हूँ कि तुम इस कंपनी के सर्वश्रेष्ठ लोगों में से एक बन सकती हो। तुम औसत प्रदर्शन से ही संतुष्ट हो, इसलिए तुम पर्याप्त ऊँचा लक्ष्य नहीं बना रही हो। चलो मिलकर एक योजना बनाते हैं, जिससे तुम वह हासिल कर सको, जिसे हासिल करने की क्षमता तुम्हारे पास है।"

उन्होंने मिलकर लक्ष्य तय किए और उन तक पहुँचने की योजनाएँ बनाई। मापदंड तय किए गए, ताकि यह मापा जा सके कि क्रिस्टीन उन लक्ष्यों को हासिल करने के कितने करीब पहुँच रही थी। उसकी प्रगति का मूल्यांकन करने के लिए वे समय-समय पर मुलाकात करते थे। कुछ ही महीनों में क्रिस्टीन बहुत प्रभावी काम कर रही थी और रोमांचक व संतुष्टिदायक करियर के मार्ग पर थी।

सदस्य को सहभागी बनाएँ। जैसा इस पुस्तक में पहले बताया गया है, जब लोग स्वयं को प्रभावित करने वाले निर्णयों में शामिल होते हैं, तो इस बात की ज्यादा संभावना रहती है कि वे लक्ष्य हासिल करने के लिए काम

करेंगे। जब कोई नया प्रोजेक्ट सौंपा जा रहा हो, तो कर्मचारियों को उसे करने का तरीका बताने के बजाय हमें पद्धतियों को तय करने में उनकी सलाह लेनी चाहिए। काम को किस तरह से किया जाएगा, इस बारे में उन्हें थोड़ा नियंत्रण सौंपना उनकी नौकरी का प्रभार देने का तरीका है।

सृजनात्मकता को प्रोत्साहित करें। जब लोगों के सुझावों और विचारों को गंभीरता से लिया जाता है, तो ज्यादातर लोगों को महसूस होता है कि उनका अपनी नौकरियों पर कुछ नियंत्रण है। कोई भी यह उम्मीद नहीं करता है कि उसके सभी विचार स्वीकार कर लिए जाएँगे, लेकिन वह यह उम्मीद जरूर करता है कि उन पर थोड़ा गंभीर विचार किया जाएगा। हमें नवाचार का एक परिवेश बनाना चाहिए। इससे कर्मचारियों को वर्तमान प्रक्रियाओं की समालोचना करने और बेहतरी के विचार सामने रखने का अवसर मिलेगा। अपने दिमाग को नए विचारों के प्रति खुला रखें। पुरानी कहावत है, "यदि कोई चीज टूटी नहीं है, तो उसे ठीक मत करो।" इसकी जगह पर यह वाक्य रख देना चाहिए, "कोई चीज अगर इस समय कारगर है, तो शायद यह बासी हो चुकी है।"

किसी सहयोगी के मामले में आसानी से हार न मानें। गलतियाँ होंगी। गलतियों का इस्तेमाल उस सहयोगी के काम को बेहतर बनाने के उपाय के रूप में करें। जब लोग अपनी गलतियों से सबक सीख लेते हैं, तो उनके द्वारा गलतियाँ दोहराने की संभावना कम होती है।

टीम के हर सदस्य को प्रोत्साहित करें कि वह अपने काम के बारे में दोबारा सोचे और उसे यह भी बता दें कि उसके विचार - चाहे वे कितने ही क्रांतिकारी नजर आते हों - सुने जाएँगे।

● ● ●